나는 **영어**를
잘하기로 결정했다

나는 영어를
잘하기로 결정했다

초판 1쇄 발행 | 2019년 10월 30일
초판 3쇄 발행 | 2019년 12월 05일

지은이 | 김성희
펴낸이 | 박영욱
펴낸곳 | (주)북오션

편　집 | 이상모
마케팅 | 최석진
디자인 | 서정희·민영선

주　소 | 서울시 마포구 월드컵로 14길 62
이메일 | bookocean@naver.com
네이버포스트 | m.post.naver.com('북오션' 검색)
전　화 | 편집문의: 02-325-9172　　영업문의: 02-322-6709
팩　스 | 02-3143-3964

출판신고번호 | 제313-2007-000197호

ISBN 978-89-6799-498-3 (03190)

이 도서의 국립중앙도서관 출판예정도서목록(CIP)은 서지정보유통지원시스템
홈페이지(http://seoji.nl.go.kr)와 국가자료공동목록시스템
(http://www.nl.go.kr/kolisnet)에서 이용하실 수 있습니다.
(CIP제어번호: CIP2019038098)

나는 영어를
잘하기로 결정했다

김성희 지음

마음을 열고 세계와 즐겁게 소통하라!

북오션
콘텐츠그룹

prologue

지적이고 의미 있는
삶을 위해

인터넷도 핸드폰도 없던 시절, 부모님의 손을 붙잡고 도착한 런던의 공기는 향기롭고 신선했다. 어린 시절 영국에 사는 동안 파리에서 미술 공부 중이던 이모가 놀러온 적이 있다. 그리고 이모가 학교에 가면 자꾸 눈물이 난다는 나를 안타까워했던 일을 기억한다. 이모는 문화도 모르고, 영어도 모르는 어린 동양 아이가 눈 파랗고 노란 머리의 아이들 사이에 던져져 영국 학교에 적응하는 것을 힘들어하던 당시의 심정을 이해했기 때문일 것이다.

그리고 한국으로 또 다시 홍콩으로 그리고 다시 한국으로 중학교 3학년이 될 때까지 9년간 다닌 학교는 총 일곱 군데다. 잦은 국가 이동과 부족한 영어 실력 때문에 한 나라에서도 여러 번 학교를 옮겨 다녀야 했던 나는 그야말로 역마살이 낀 듯한 학창 시절을 보냈다.

하지만 덕분에 다양한 국적의 선생님 밑에서, 여러 나라에서 온 학생 사이에서 서로 다른 문화를 존중하는 법을 배우며 공부할 기회를 얻었다. 해외에서 함께 공부해본, 20여 개 서구 국가의 아이들은 각자의 문화와 언어에 따라 추구하는 삶의 가치가 달랐다. 그러나 우리 모두의 꿈과 행복을 이루기 위해 선택한 가치란 점은 다르지 않았다.

한편 살게 되는 나라가 달라져도, 이 학교 저 학교 전학을 가도, 늘 교육의 중심에는 영어가 자리잡고 있었다. 영어는 함께 공부하는 친구들과 내가 공통적으로 정복해야 하는 목표 1호였다.

해외에서 마지막에 다닌 국제학교는 세계 최고의 학교였다. 대학과도 비교가 되지 않을 정도로 우수한 시스템을 갖추고 있었다. 그 학교에서 받은 교과서는 이전에 다닌 학교에서 받은 교과서와는 차원이 다를 정도로 글씨가 작았고, 가르치는 지식의 깊이도 달랐다. 교재에서부터 학생의 미래와 인격이 존중받고 있음을 느낄 수 있었다. 교실과 실험실, 음악실 등 교실마다 책상 배치도 달랐고, 학생들을 가르치는 선생님들의 열정과 같은 반 아이들이 서로 대하는 매너도 달랐다. 이곳에서 내가 가장 크게 느낀 교육의 차이는 무엇보다 내가 배워야 하는 이유가 '사회가 더 나아지도록 기여하기 위해서'라는 메시지가 담겨 있다는 것이었다.

이때 직접 경험하고 받은 교육과 정신 덕분에 지금도 나에게 영어를 배우는 사람에게 최고의 교재를 선정해주고자 노력하고 있고, 최고의 교육 환경을 만들어 주려 한다. 그리고 학생들에게 어떻게 하면 인격적인 대우를 할 수 있을까 고민하는 밑거름이 되었다.

학교도 아직 들어가지 않은 어린 아이들부터 어르신까지, 대학 강의와 기업 강의를 하며 만났던 수천 명의 사람들까지, 얼마나 많은 사람들이 초중고 12년을 배우고 졸업 후에도 영어를 잘하고자 발버둥치며 얼마나 많은 시간과 노력을 또 다시 영어에 쏟고 있는지 모른다.

써먹을 곳도 없는데 영어를 배워 뭐하냐고 투덜대면서도 계속 배우는 사람, 영어의 첫 단추를 잘못 끼워 영문도 모른 채 스스로 영포자(영어포기자)의 길을 선택한 중학생, 외국 한 번 나가본 적 없는데도 영어를 능통하게 하는 사람이 있는가 하면 해외에서 어학연수를 수년간 받고 와도 영어에 자신감이 없는 사람이 있다. 이처럼 우리나라에는 정말 다양한 유형의 영어 사용자가 있다.

우리는 영어를 왜 그토록 배우려고 하는가? 영어를 한 마디 사용하지 않아도 사는 데 지장이 없는 사람도 기회만 되면 영어를 배우려 한다. 그 이유는 유럽 사람들이 현재 사용하지 않는 언어임에도 사고의 깊이를 확장하려고 그리고 더 나은 삶을 살려고 그 어려운 라틴어를 배우는 것처럼 영어는 '말'을 하는 것보다 영어를 안다는 것 자체에 큰 힘이 있기 때문이다.

영어는 세계에서 가장 많은 정보를 담고 있다. 아무리 중국이 경제 대국이 되었다 할지라도 국제 비즈니스는 영어로 소통하며, 모든 국제 계약서도 영어로 작성될 뿐만 아니라 영어권의 문화와 역사, 전통이 세계를 움직이고 있다. 영어를 알면 더 많은 기회의 문이 열리고, 삶의 질과 문화 수준, 그리고 의식수준도 높아지기에 쉽게 포기할 수 없는 것이다.

그런데 많은 사람들이 영어를 잘하고자 이처럼 시간과 노력을 투자하지만 그저 앵무새 수준의 영어로 끝나고 마는 것을 자주 본다. 영어는 여행을 가서 물건값을 깎고, 호텔을 예약하고, 길을 물어보는 정도의 수준으로 배우고 끝내기에는 너무 아까운 언어이다. 그래서 나는 《나는 영어를 잘하기로 결정했다》를 통해 독자들이 영어에 좀 더 친근해질 뿐만 아니라, 삶 속에 영어에 대한 이해가 좀 더 깊이 자리잡을 수 있도록, 그래서 글로벌화에 좀 더 편안하게 다가갈 수 있도록 하는 데 기여했으면 하는 바람으로 첫 단추를 꿨다.

이를 위해 우선 우리가 영어에 많은 시간과 에너지를 투자하는 진정한 의미가 무엇인지 찾고, 이를 통해 우리의 삶은 어떻게 달라질 수 있는지를 살펴보고, 이것이 실현되려면 어떤 것들이 달라져야 하는지를 나의 학창시절과 사회생활에서 겪은 다양한 에피소드와 함께 짚어 보고자 한다.

이 책에서 크게 세 가지로 영어를 만나게 된다. '서구 문화'를 통해 영어를 만나고, '공부 방법'을 통해 영어를 만나보고, '교육제도'를 통해 영어를 만난다. 다양한 각도로 영어를 만남으로써 영어를 왜 배우는지 의미를 재발견하고, 그것이 지적인 삶을 위한 초석이 되기를 기대해 본다.

내가 현장에서 통역하며 만난 많은 사람들이 범한 영어 공부 방법의 오류와 잘못된 자세, 서구 문화와 영어와 관련된 수많은 질문을 보며 자신이 잘못 선택한 영어 공부는 어떤 것이 있었는지도 이 책에서 확인할 수 있다. 다양한 문화를 이해하고 어디까지 영어를 활용할 수 있는지와 가짜 영어 공부법과 진짜 영어 공부법을 구분하고 영어를 효과적으로 공부할 수 있는 팁을 얻을 수 있다. 영어를 빠르게 배울 수 있는 영문법의 비밀, 마지막으로 유럽의 영어 교육법을 소개함으로써 국내 교육의 문제점과 그 해결책을 제시해 진짜 영어 교육이 가져다주는 이점이 무엇인지에 대한 통찰력을 얻을 수 있다.

이웃, 사회, 국가, 그리고 국가를 넘어 세계화까지 우리 영토는 넓어졌다. 이 시대는 '문화 능통성(cultural fluency)'이라는 말이 나올 정도로 다양한 문화를 접하고 해석하는 능력을 요구하고 있다. 영어는 타고난 지식이 아니라 습득이다. 그러니 문화와 함께 습득되었을 때 더욱더 효과적일 수밖에 없다. 글로벌 시대에 어울리는 진정한 글로벌 시민으로 성장하려면 행복지수가 높은 나라의 문화에는 있지만 우리나라 문화에는 존재하지 않는 여러 문화적 요소와 함께 영어를 알아가야 한다. 그러면 삶의 질도 세계화에 걸맞게 크게 향상될 것이다.

문화와 가치관이 다르고 거리도 일만 킬로미터 떨어진 서쪽 끝 영국의 언어가 동쪽 끝에 위치한 한국에 사는 우리에게 생소하고 어려울 수밖에 없는 것은 어쩌면 당연하다. 그래서 나는 어릴 때 처음 영국으로 건너가 학교를 가면 나도 모르게 눈물이 난다고 이모이게 털어놓던 일을 떠올리며, 영어와 문화를 배우려는 모든 사람의 몸부림에 끝없이 공감할 것이다.

글을 써내려 가며 어쩔 수 없이 우리나라의 교육과 사회를 비판하면서 갈등도 있었다. 이 글이 사람들의 마음을 상하게 하면 어쩌나, 사회를 더 좋고, 건강하게 만들고자 하는 이유지만 오해를 불러 일으키면 어떡하나. 그러나 현재의 문제가 무엇인지를 알아야 해결할 수 있다는 결론을 내리고 과감하게 비판할 것들을 비판하며 글을 써내려 갔다.

마지막으로 우리가 세계 문화와 영어를 알고자 많은 시간과 에너지를 쏟는 것은 궁극적으로 의미 있는 삶을 통해 행복해지고, 더 높은 질의 삶을 살기 위해서라는 것을 절대 잊어서는 안 될 것이다.

contents

chapter 2 우리는 무엇 때문에 그토록 영어를 공부하는가?

진짜 인생을
즐기는 법

솔직하고 가식 없는 대화는
고래도 춤추게 한다

너희 나라도 선생님들 박봉이니?

아이들과 매년 '다국적 영어캠프'에 참여하러 영국에 가면 다양한 국적의 아이들을 만나게 된다. 성인이 되기 전에 한 지점에서 전 세계 아이들과 만나 교류하고 어울리는 것은 문화에 대한 통찰력을 발생시키므로 이 시대에 가장 필요한 교육이자 큰 특혜라고 생각한다. 아이들을 위한 캠프지만 나도 캠프 관리 교사로 참여하며 신나 하는 이유는 각 나라 아이들을 인솔하고 관리하기 위해 함께 오는 다양한 국적의 선생님과 만나 교류할 수 있기 때문이다.

캠프는 주로 유럽 국가에서 많이 오는데 선생님과 티타임을 가지면서 함께 대화하다 보면 각 나라마다 특색이 나타난다. 친근하고 붙임성 좋고 열정적인 스페인 선생님, 도도하고 자존심 강한 이태리 선생님, 친절하고 매너 좋은 독일 선생님, 한국에 관심이 많은 러시아 선생님 등등. 늘 느끼는 거지만 중국 선생님과는 대화가 잘 되지 않는다. 중국 선생님들은 선생님끼리 모이는 티타임 대화에 잘 끼지 않기 때문이다. 중국은 폐쇄된 사회라서 그런지 중국 선생님들이 티-타임(tea-time)에 억지로라도 끼게 되면 무슨 말을 해야 할지 몰라서 그런지 컴플레인만 하다가 일찍 자리를 뜨는 경우가 허다하다. 그래서 다른 나라 선생님도 중국 선생님들을 별로 좋아하지 않는다.

어쨌든, 각 나라의 선생님들이 모이면 서로 빠지지 않고 서로 확인하는 질문이 있는데 그 질문은 바로 "너희 나라도 선생은 박봉이니?"다. 선생님의 박봉은 전 세계적인가 보다. 아예 대놓고 박봉인지 물으니 말이다. 모두가 박봉이라며 하소연하다가도 다들 가르치는 것을 정말 좋아하고 아이들을 사랑한다는 결론으로 끝난다. 한국에서 이런 말을 하면 "사랑은 무슨 사랑" 하며 돈에 대한 하소연으로 끝나겠지만 말이다.

나는 해외 선생님들과 이렇게 감성적으로 나누는 솔직한 대화가 참 좋다. 이러한 대화가 오고 가는 중에 나를 다시 돌아볼 수 있고 내 삶을 감사할 수 있게 된다. 그리고 돈을 떠나 아이들을 가르치고 아이들의 성장을 말하며 기뻐하는 선생님의 마음을 확인하면서 위로를 얻는다.

우리는 미국인과 달라요

영국에서 한국으로 혼자 돌아와야 하는 일이 많은데 난 공항으로 이동할 때 먼 거리일수록 돈이 들어도 일부러 택시를 탄다. 장시간 동안, 세상 물정을 가장 잘 알고 있는 택시기사님과 영국의 삶과 사회에 대한 대화를 해보고 싶어서다. 한 번은 영국 런던에서 테러가 일어난 해에 택시를 탄 적이 있다. 미국 뉴욕에서 9 · 11 사건이 터졌을 때 난 인도에서 근무하고 있었는데, 당시 9 · 11을 일으킨 이슬람 테러리스트들과 피부색이 비슷하다는 이유로 미국에서 일하던 인도인이 크게 차별을 받아 대거 인도로 돌아왔던 기억이 났다. 나는 택시 기사님께 영국인들은 이슬람 극단주의자의 테러가 실제로 일어났고, 또 늘 위협이 있는데 무슬림 런던 시장(사디크 칸(Sadiq Khan) 런던 시장은 영국의 파키스탄 가정에서 태어났다. 칸 시장은 가장 큰 투표수 차로 런던 시장이 되었다. 칸 시장은 무슬림으로 라마단 시기에는 금식을 하고 정기적으로 무슬림 성전에 방문하며 신앙을 지키고 있다)에 대해 국민들이 어떻게 생각하느냐고 물었다. 은퇴하시고 콜택시를 운전하고 있다는 택시 기사님의 대답이 참 놀라웠다. 미국에 대해 난 언급도 하지 않았는데 택시 기사님은 "좋은 질문이에요!(It's a good question!)"하며 이렇게 대답했다.

"우리는 미국인과 달라요. 70억 인구의 대부분은 다 선하고 착한 사람들이라고 생각해요. 아주 극소수의 사람이 나쁜 짓을 한다고 해서 같은 민족을 다 같은 사람으로 취급할 수는 없죠. 우리는 미국인처럼 예의 없지도 않고, 종교와 인종으로도 사람을 차별하지도 않아요."

이번 테러는 일반적인 무슬림들과는 상관없는 오로지 극단주의자들의 행동일 뿐이라는 기사님의 답변에서 겉모습이 아닌 속성을 중요하게 여기는 영국인의 생각을 엿볼 수 있었다. 그리고 거침없는 말씀에서 우리가 갖고 있는 미국인들에 대한 생각과 또 다른 나라 사람들이 갖고 있는 미국인에 대한 생각이 많이 다르다는 것을 인지할 수 있었다. 어쩌면 우리는 미국에 대해 지나치게 우호적인지도 모른다.

대화 주제를 바꿔 차 얘기를 꺼냈다. 영국에는 영국차보다 독일차가 더 많은 것 같아서 기사님께 영국인들은 왜 재규어와 같은 멋진 영국차 (지금은 재규어가 타타 그룹에 넘어가긴 했지만)를 많이 타지 않는지 그리고 기사님은 재규어에 대해 어떻게 생각하는지 물었다.

"저는 재규어의 디자인을 아주 좋아한답니다. 그런데 영국에는 재규어가 많이 보이지 않네요?"

나의 말을 들으시고 기사님께서 하신 말씀이 "선생 월급으로 재규어와 같은 비싼 차를 어떻게 사나요? 선생님이라고 했죠? 정말 열심히 일해야겠네요. 아니면 직업을 바꿔야겠어요."

라고 말씀하셨다. "허걱!" 여기서도 선생님의 박봉 얘기네.

한국말로 전달하니 좀 투박하고 기분 나쁘게 들릴지 모르지만 난 이런 솔직한 대화가 정말 좋다.

영국인들은 물질에 가치를 두는 삶을 살고 있지 않기 때문에 이런 말을 서슴없이 할 수 있는 것이다. 어쨌든 서로 눈치보지 않고 오고 가는 대화가 내 속을 후련하게 한다. 그런데 선생님들의 박봉은 진짜 전 세계적(universal)인가 보다. 영국의 기사님도 나를 불쌍한 눈으로 쳐다보시며 확인해 주시니 말이다.

영어에는 '눈치'라는 단어가 없다

이런 솔직담백하고 가식 없는 대화를 한국에 가서도 많이 할 수 있으면 얼마나 좋을까 하는 생각을 했다. 영어에는 '눈치'라는 단어가 없다. 하지만 '예의'라는 단어는 매우 많다. 우리나라에서는 눈치를 보는 게 예의를 갖추는 것이라고 생각한다. 하지만 '눈치'는 경직되고 불편한 분위기를 만들 뿐 관계와 대화에 전혀 도움이 되지 않는다. 예의는 갖추되 눈치는 보지 않는다면 절대로 해서는 안 되는 대화 주제는 피하되 솔직하고 담백한 대화들이 오고 가는 문화가 형성될 수 있지 않을까 생각한다.

눈치를 많이 보는 우리나라 문화에서는 친하고 잘 아는 사람끼리만 대화를 할 수 있는 것이 현실이다. 서양 문화에서는 직장에서 받는 가장 큰 스트레스 원인이 일인 반면에 우리나라 직장에서는 직장 상사라고 한다.

예의를 갖추되 눈치는 보지 않고, 나이, 직업에 상관없이 이웃과 대화할 수 있다면 우리나라에서도 좀 덜 긴장하며 살 수 있지 않을까? 서로의 생각을 가식 없이 나누다 보면 배우는 것도 많고, 대화 과정에서 내가 성장하고 있음을 느낄 수 있다. 우리도 행복한 삶을 위해 솔직하고 가식 없는 대화를 해보면 어떨까?

어프리시에이션(appreciation)
진짜 인생을 즐기는 법

우리나라에서 한때 〈위대한 탄생〉, 〈슈퍼스타 K〉 등 TV 프로그램이 인기를 끈 적이 있다. 이 프로그램은 참신하고 음악에 재능이 있는 사람을 발굴하는 프로그램인데 이와 비슷한 〈엑스팩터(xfactor)〉라는 TV 프로그램이 호주에도 있어 이것을 문화와 영어를 알려주는 자료로 자주 수업에 활용하곤 했다.

한 번은 〈엑스팩터〉에 임마뉴엘 켈리라는 출연자가 나왔다. 임마뉴엘 켈리는 이라크 전쟁 때 화학무기 탓에 팔다리를 잃고 형과 함께 이라크 고아원에 버려졌는데 한 호주 봉사자가 켈리 형제를 구조해 호주에서 수술을 받게 하려고 입양했다. 호주에서 자신을 구조한 양 엄마와 함께 자란 임마뉴엘은 음악적 재능이 있음에도 두 번의 탈락 끝에 엑스팩터 예선에 진출했다. 매력적인 목소리와 감수성으로 자신의 처지를 대변해 주는 듯한 존 레논(John Leonnon)의 〈이메진(Imagine)〉을 불러

심사위원의 폭풍 칭찬과 관객들의 기립박수를 이끌어 내 실력을 인정받는다. 그리고 결국 〈엑스팩터〉에서 준우승을 차지하고, 콘서트 투어와 여러 영화의 OST를 부르며 활발히 활동하고 있다.

난 임마뉴엘 켈리가 〈엑스팩터〉에서 노래부르고 예선을 통과하는 영상을 우리나라의 학생들에게 보여주고 나서 심사위원의 칭찬 내용과 관객의 반응에 대해 영어로 의견을 말해 보고, 관련 기사를 함께 읽으며 각자의 생각을 나누는 토론 수업을 여러 차례 진행했다. 그런데 이 영상과 기사를 함께 보고 논의하는 가운데 나온 학생들의 반응은 좀 당황스러웠다.

학생들은 임마뉴엘을 관객들이 너무 과장되게 칭찬한다고 말했다. 기립박수까지 받을 정도는 아니라는 것이다. 심사위원들도 오버하여 과한 칭찬과 평가를 한다고 했다. 관객과 심사위원이 저렇게 열광해 주는 것은 임마뉴엘이 실제로 노래를 잘해서라기보다 힘든 어린 시절을 동정했기 때문이라고 말하는 학생도 있었다. 열 개 정도의 그룹과 이 영상과 관련 기사를 가지고 영어 공부를 했었는데 90퍼센트 이상의 학생이 관객과 심사위원들이 과장된 칭찬을 한다는 것에 동의했다.

백만 달러짜리 미소

임마뉴엘 켈리 동영상에 대한 사람들의 반응을 듣고 내가 해외에서 학교를 다닐 때 어떻게 칭찬을 주고받았었는지를 떠올려 보았다. 외국 친구들과 국제 학교를 다녔을 때, 선생님들은 꼭 내가 뭘 잘하지 않아도 늘 풍부한 수식어로 내가 가지고 있는 것을 나의 장점으로 부각시켜 주었던 것 같다. 나도 다른 친구를 늘 그렇게 칭찬해줬다. 그래서 그런지 난 나의 많은 단점에도 불구하고 늘 긍정적인 생각을 가지고 살았다.

홍콩에서 독일학교를 다닐 때는 같은 반 친구들이 대부분 북유럽 출신이어서 정말 하나같이 키가 컸다. 여학생이 기본 165~175센티미터 정도 되었고, 남학생들은 180~190센티미터 정도였다. 그런데도 그 안에서 난 내 키가 작다고 생각해본 적이 한 번도 없었다. 키로 그 아이들을 비교해본 적도 없고, 비교당한 적도 없었으며, 그런 관점으로 나 스스로를 바라본 적도 없기 때문이다. 내가 키가 작다는 것을 처음 인식한 것은 고등학교 때 한국에 와서였다. 한국에서는 같은 반 친구가 유럽 아이들처럼 그렇게 크시도 않았지만 내가 얼마나 작은지 절실하게 느낄 수 있었다. 그리고 키가 작다는 것이 부정적이라는 것도 그때 처음 알았다.

해외 학교에서는 금발과 갈색머리 외국 친구들과 선생님들이 나의 검고 윤기 있는 머리를 보며, 마치 내가 이 세상에서 가장 아름다운 머릿결을 갖고 있다는 듯 칭찬해 주었다. 또 한 번은 내 웃는 모습이 정말 예쁘다고 친구들이 칭찬해 주었던 기억이 난다. 사진 속 나의 미소를 보며, 내 친구들은 "성희, 너의 미소는 진짜야. 최고야. 백만 달러짜리야"라고 말했다. 만약, 내가 영어를 가르치는 학생에게 그 사진을 보여주며 이 이야기를 들려주었다면 분명 학생들은 "에이, 그 정도는 아니죠. 너무 과장됐어요"라고 대답했을 것이다.

쏘뷰티풀(So beautiful!)

영국에서 진행되는 영어캠프에서는 매주 아이들을 위해 학교에서 디스코 파티를 열어준다. 디스코 파티에서 전 세계 아이들이 예쁜 옷을 입고 함께 어울려 춤을 추며 노는데 K팝이 나올 때 제일 신이 난다. 그런데 가끔 우리나라 아이들과 일본 아이들은 디스코 파티에 한복과 기모노를 입고 온다. 한 번은 우리나라 자매 둘이 디스코 파티에 분홍빛 한복을 입고 나타난 적이 있다. 디스코 파티가 열리고 나서 그 다음 날, 난 함께 간 우리나라 아이의 영어 레벨 변경을 요청하려고 교무실을 찾아갔다가 영국 선생님들이 서로 얘기하는 것을 우연히 듣게 되었다. 한 영국 선생님이 다른 영국 선생님에게 어젯밤 한국 아이들이 입은 한복을 봤냐고 물으며, 제스처란 제스처는 다 취하면서 "오~쏘비유티풀(Oh~ so beautiful)"을 외쳐댔다. 우리나라의 한복이 매우 아름답고 예뻐서 감탄했다고 했다. 사진을 찍고 싶었는데 어두워 찍지 못했다며 얼굴을 찡그려 가며 아쉬움을 표현했다. 다른 영국 선생님은 자기도 봤다면서 한복이 무척 예뻤다고 말했다. 한복을 입고 나타난 우리 아이들을 두고 감탄하는 대화는 영국 선생님들 사이에서 점심시간까지 이어졌다. 그 말을 듣고 난 얼마나 뿌듯했는지 모른다. 이것도 과장된 칭찬일까?

칭찬에서 감사까지: 어프리시에이션(appreciation)

영어에 '칭찬'과 '감사'를 나타내는 어프리시에이션(appreciation)이라는 단어가 있다. 이 단어의 뜻 풀이를 찾아보면 좋은 것을 보고 인정하고 즐긴다는 뜻이다. 좋은 것을 인정하는 것이 칭찬인데 칭찬으로 끝나지 않고, 함께 그것을 즐기게 해준 점을 감사한다는 의미를 포함하고 있다. 서양사람들은 대체적으로 주위에 사람이든 자연이든 물건이든 아름답고 좋은 것이 있으면 그것에 대한 어프리시에이션을 강하게 표현한다. 하지만 우리나라 사람들은 서양문화에 비해 표현이 약해서 그런지 주위에 좋은 것과 아름다운 것이 있어도 자신에게 특별한 이득이 있지 않는 이상 어프리시에이션까지 표현하지는 않는 것 같다.

우리는 왜 이렇게 칭찬과 감사에 인색한 걸까? 다른 이들에게 좋게 보이는 것이 우리 눈에는 안 좋게 보이는 것일까? 아니면 우리의 수준이 너무 높아 인정할 수 없는 것일까? 속으론 인정해도 굳이 표현하지 않는 것일까? 우리가 어릴 때부터 칭찬을 많이 받지 못해 우리도 칭찬과 감사에 인색해진 것일까?

임마뉴엘 켈리와 나의 미소, 디스코 파티 때 우리나라 아이들이 입은 한복을 향한 그 칭찬도 모두 칭찬으로만 끝나지 않고, 어프리시에이션까지 이어졌다. 우리에게 익숙하지 않은 '어프리시에이션'이 '과장된 칭찬'으로 보이는 것이다.

아이들을 가르치다 보니 난 늘 아이들이 갖고 있는 재능과 매력을 마주한다. 그리고 나는 아이들의 타고난 매력과 재능을 목격하게 된 한 사람으로서 매우 영광스럽게 생각한다. 우리 모두가 똑같다면 얼마나 이 세상이 재미 없겠는가? 그래서 늘 나는 만나는 사람들에게서 숨은 장점과 재능을 찾아 보느라 바쁘다. 나는 영어를 잘하는 아이만 칭찬하지 않는다. 예쁜 옷이 잘 어울리는 아이, 멋진 가방을 들고 온 아이, 잘 웃는 아이 등 내 주변의 좋고 예쁜 것을 갖고 있는 아이들에게 늘 멋진 수식어와 함께 감탄사를 날려준다.

한 번은 내가 가르치는 4학년 남자아이가 왼쪽 귀를 뚫고 왔다. 잘 어울려서 멋지다고 칭찬해주었는데 귀를 뚫고 나서 칭찬받아 본 게 처음이었는지 아니면 내가 과장되었다고 생각했는지 쑥스러워하며 왼쪽 손으로 얼른 귀를 가렸다. 우리는 칭찬을 받는 입장도 익숙하지 않은 것 같다.

주변에 좋은 일이 있고, 좋은 결과가 있고, 멋지고, 아름다운 것이 있다는 것은 나에게도 좋은 일이다. 그것을 즐기고 감사하는 것 그리고 표현까지 하는 것은 우리의 삶을 풍요롭게 만든다. 칭찬으로 끝나는 것이 아니라 그것을 누리게 해준 것에 대한 감사까지 담은 '어프리시에이션'이 우리의 매일 삶 속에도 생활 습관으로 자리 잡기를 바라본다.

Ladies and
Gentlemen

　난 영국에서 살았었지만 어렸을 적이라 어른이 되어 경험하는 영국이 새롭게 다가올 때가 많다. 하지만 어렸을 때나 어른이 되어서나 변함없는 것은 영국을 갈 때마다 영국 사람들로부터 받는 관심과 친절 덕분에 마음이 따뜻해져서 돌아오게 된다는 것이다.

　겨울에 영국에 갔을 때 일이다. 런던에서 영국 친구와 함께 지하철을 기다리고 있었다. 한 영국인 엄마가 지하철에서 내려 세 살 정도 된 쌍둥이 아이 둘을 유모차에 태우고 계단 아래로 유모차를 한 칸 한 칸 밀며 힘겹게 내려가고 있었다. 그 분이 두 칸 정도 내려갔을 때 지하철을 기다리던 영국 시민들은 그 모습을 보고 "도와드릴까요?" 하고 물으며, 유모차를 밀고 있는 여자분에게 달려갔다. 도움을 주려고 주저 없이 달려간 세 명의 시민 중에는 나와 함께 지하철을 기다리던 내 영국 친구도 포함돼 있었다. 그중 남자분이 자기가 도울 테니 내 친구에게는 괜찮다고 가보라고 했다.

그 남자분은 주저하지 않고 기쁘게 그 여자분의 유모차를 들어 계단 아래까지 내려다 주고 다시 지하철을 타려고 올라왔다. 나는 그 모습을 지켜보며 영국 친구에게 물었다. "영국사람들이 항상 이렇게 모르는 사람에게 기꺼이 도움을 잘 주는 편이었던가?"

그러자 내 친구는 이렇게 대답했다.

"응, 다른 건 몰라도~, 도움이 필요한데 당연한 거 아니니?"

오히려 나에게 되묻는 말에 당연하다고 흔쾌히 말할 수 없어 좀 부끄러웠다.

이처럼 내가 도움이 필요할 때 주위의 이웃이 나를 도와줄 것이라는 믿음이 있다면 한국에서 살아갈 때 참 따뜻할 것 같다는 생각이 들었다. 그리고 당연하다고 말한 친구의 말에 영국인들은 큰 안정감을 갖고 살아갈 수 있을 것이라는 생각이 들어 갑자기 부러워졌다.

스웨덴에서

대학을 조사하려고 스웨덴을 방문한 적이 있다. 스웨덴 거래처 직원과 함께 여러 대학교를 방문하고 숙소로 돌아가려는데 거래처 직원이 숙소가 멀지 않고 스웨덴 택시비가 워낙 비싸니 그냥 버스를 타라고 해서 버스를 기다렸다. 거래처 직원은 버스 운전 기사님께 내가 어디서 내려야 하는지를 말해 놓을 테니 안내를 받아 잘 내리라고 했다.

운전하기에도 신경이 쓰이실 텐데 나까지 기사님께 신경 쓰게 해드리는 것이 마음에 걸려 기사님이 잊어버리면 어떻게 하느냐고 물었더니, 걱정 말라며 자기가 기사님께 하는 말을 같은 버스에 탄 승객들이 듣고 내릴 때가 되면 누군가가 나에게 내릴 준비 하라고 말해줄 것이라고 했다. 난 날 안심시켜 주려 하는 말로 듣고 조금 불안해하며 버스에 올라탔다.

그런데 내가 내려야 할 정거장이 다 되자 정말 놀랍게도 함께 버스를 탄 승객 두세 분이 나에게 영어로 "여기서 내리세요"라고 말하는 것이었다. 버스를 탈 때 거래처 직원이 운전기사님에게 부탁한 말을 듣고, 내가 정거장을 놓칠까 봐 스웨덴 시민들이 묵묵히 신경을 써 주고 있었다는 것이 정말 감동적이었다. 급하게 버스에서 내려야 해서 나에게 말씀해 주신 분들께 감사하다는 말도 제대로 못 했다. 시민들의 작은 관심과 놀라운 친절이 스웨덴에 대한 좋은 인상을 남겼다.

파리에서

대학 시절 친구와 함께 겨울방학을 이용해 유럽으로 배낭여행을 갔을 때 일이다. 파리에 도착해 아름다운 밤거리에 매료되어 밤늦도록 파리 시내를 배낭을 메고 걷고 있었다. 그때 점잖게 생긴 노부부가 가던 길을 멈추고 우리에게 다가와 밤 늦게 돌아다니면 위험하니 숙소로 빨리 들어가라고 조언해 주었다. 그리고 그분들은 숙소를 빨리 찾을 수 있도록 자세히 길도 안내해 주었다. 도움을 요청하지도 않았는데 한 번도 본 적 없는 외국인 배낭족에게 관심과 친절을 베푸는 것에 깊은 인상을 받았다.

배낭 여행 내내 한국에 돌아가면 나도 외국인에게 친절을 베풀어야겠다는 생각을 한 기억이 난다.

인천국제공항에서

공항터미널에 가면 컨베이어 벨트에 무거운 짐 가방을 올리거나 내리는 것이 버거울 때가 있다. 특히 키도 작고 힘도 없는 나는 짐을 들어 올리다가 놓칠까 봐 짐을 기다리면서도 늘 긴장해 있다.

한 번은 인천 국제공항의 컨베이어 벨트에서 짐이 나오기를 기다리고 있는데 어떤 한국 여성분이 자신의 짐을 들어올리다 짐이 너무 무거운데다 그 짐 바로 앞에 다른 짐에 걸리는 바람에 들어올리지 못해 결국 한 바퀴를 더 도는 것을 목격했다. 두 번째도 실패할 것 같아 내가 얼른 다가가 함께 짐을 들어올려 주었다. 여자 둘이 들어올리는데도 쉽지 않은 무게와 크기였다. 어쨌든 둘이서 그 짐을 들어올리는 데 성공했다. 짐을 내려놓고, 내 짐을 기다리는 사이 잠깐 둘러보니 주위에 많은 한국 남자들이 우리를 쳐다보며 자신들의 짐을 기다리고 있었다. 짐을 놓치면 안 되니 정신 없긴 하겠지만 그래도 약간 서운한 마음이 들었다.

요즈음 한국에서는 유럽에서 경험한 그러한 관심과 친절을 경험해본 지 오래된 것 같다. 분명 예전에는 그런 분위기가 있었는데 말이다. 대학 시절까지만 해도 같은 과 동기 중 한 명이라도 외톨이가 되거나 낙오될까 봐 늘 과대표가 신경을 쓰고 챙겨준 기억이 나는데 요즘 대학 분위기는 전혀 그렇지 않다고 한다. IMF를 겪은 후 성실히 일한 덕분에 빚은 다 갚았지만 그 뒤로 철저히 내 시간과 내 것을 챙기는 풍조가 생겨나 주변을 살피지 못하는 듯하다. 그래서 사람들은 더 이상 다른 사람에게 관심을 갖지 않는다. 이것이 지금 우리의 현실이다.

30

요즈음 나조차 이웃에 대한 관심과 배려가 부족하다는 것을 느낀다. 친절은 마치 판매자와 소비자 사이에서만 존재하는 서비스인 것 같고, 길을 물어보는 이에게 친절하면 왠지 위험할 것 같고, 이웃에게 관심을 갖고 있으면 참견하는 아줌마처럼 보일 것 같아 사람들은 무관심이 '미덕'인 양 이웃이나 길거리 사람들을 못 본 척하고 살아가고 있다. 나의 관심은 내 가족과 가까운 친구 몇 명에만 미치고, 타인에 대한 관심과 친절은 아껴두고 절제하며 앞만 보고 달리고 있다. 나도 똑같다.

하지만 유럽을 갈 때마다 왜 난 한국에서 이웃들에게 좀 더 친절하지 못했을까 후회한다. 그리고 한국에 돌아가면 달라져야지 다짐하지만 막상 돌아오면 늘 다시 똑같아진다.

아이들이 처음 사회를 경험하는 곳은 바로 학교다. 그래서 이웃에 친절을 베풀고 관심을 갖는 문화는 학교에서 배우고 정착돼 아이들이 사회로 나왔을 때 그 정서가 이어져야 한다. 불행히도, 우리나라 아이들은 학교에서 따뜻한 관심과 친절의 문화를 배우지 못하는 것 같다. 오히려 학교에 가면 문화적인 삶과 단절된다고나 할까?

그래도 초등학교 때는 선생님이 존경스럽고 친구가 세상에서 제일 좋았는데 중학교부터 완전히 달라진다. 학교의 딱딱한 규율을 지키고, 선배들 눈치 보기 바쁘고, 내 성적을 올려줄 학원을 알아보며 본격적인 입시 준비와 성적 내기에 열을 올려야 한다.

고등학교에 올라가면 상황은 더 심각해진다. '상대평가'로 바뀌면서 옆에 있는 친구가 내가 이겨야 하는 경쟁자가 되고, 경쟁자가 된 친구와는 좋은 정보도 나눌 수 없어, 그저 입을 다문 채 대학 입학 하나만을 바라보며, 공부 외의 모든 것을 포기하는 삶을 살아간다. 너무나 안타깝다.

나는 살기 좋아 '천당 밑에 분당'이라는 곳에서도 아이가 4~5학년쯤 되면 교육을 위해 강남으로 이사한다는 사람들을 종종 본다. 교육 때문에 강남으로 갔다는 소식을 들을 때마다 난 어떤 교육을 받으러 강남으로 가는 건지 궁금했다.

교육 때문에 강남으로 갔다는 그 '교육'이 아이들의 독립심을 키워주고, 실패하면 스스로 회복할 수 있는 시간을 주고, 이웃에게 관심과 친절을 베풀 수 있는 성인으로 키우기 위한 것은 분명 아닐 것이다. 좋은 대학으로 보내준다는 유명 학원이 밀집돼 있는 강남으로 가서 같은 목표를 가진 아이와 경쟁해 좋은 대학을 가기 위함일 것이다. 좋은 대학에 입학하는 것이 나쁘다는 의미가 아니다. 하지만 친절하고 배려심 있으며 건강한 사회를 만들기 위해 아이들에게 먼저 가르쳐야 하는 것들에 대해 우리는 너무 무심한 것 같다. 결국 경쟁에서 이긴 친구가 이 사회의 리더가 돼 있을 텐데, 또 다시 자신들의 성공을 위해서만 일할 것이 아닌가?

출산율 OECD 국가 중 꼴찌, 행복지수 OECD 국가에서 하위를 기록하는 것은 우리에게 시사하는 바가 크다. 아이들이 서로를 신뢰하며 행복하게 살아갈 수 있게 하려면 더불어 함께 살아가는 사람에게 먼저 '관심'을 갖고 '친절'을 베푸는 미덕과 용기를 가르쳐야 한다. 이것은 손해 보는 것이 아니라 우리 모두가 행복해질 수 있는 길임을 알게 해야 한다.

우리나라에서도 도움을 요청하면 곧잘 친절을 베풀어준다. 그러나 유럽에서 내가 경험한 관심과 친절은, 도움이 필요한 사람이 요청하기 전에 도움이 필요할 것이라고 판단한 사람들이 '먼저' 행동으로 옮겨 도움을 주었다는 데에서 차이가 난다. 도움이 필요한 사람이 먼저 손을 벌려 도움을 청하기는 매우 힘들다. 그래서 도움을 줄 수 있는 사람이 먼저 알아서 베풀어야 한다. 이것이 바로 '관심과 친절'이 필요한 이유다.

영어에 '레이디(lady)'와 '젠틀맨(gentleman)'이라는 단어가 있다. 한국말로 흔히 숙녀와 신사라고 해석하는데 이 단어는 단순히 성인 남녀를 부르는 단어가 아니다. 옥스포드(Oxford) 사전에서 젠틀맨의 뜻을 찾아보면 "예의 바르고, 잘 교육받고, 훌륭한 매너와 온전하게 행동을 하는 남성"이라고 나와 있다. 레이디라는 단어도 위와 같은 뜻의 여성이라고 나와 있다. 우리나라에서는 이런 사람들을 '양반'이라고 하던가? 분명 도움을 주기 위해 관심과 친절을 먼저 베풀지 않은 사람을 레이디나 젠틀맨이라 칭하지 않을 것이다. 우리 사회에서도 많은 레이디들 그리고 젠틀맨들을 키워낼 수 있는 가치가 세워지기를 바란다. 이렇게 되려면 가장 중요한 학교에서 먼저 실천해야 한다.

응 괜찮아, 그럴 수 있어…
그런 게 인생이야

16년간의 조직생활을 끝내고 아이들은 물론 성인들에게도 영어를 가르치다 보니 많은 시행착오를 겪어야 했다. 딱딱한 사무실 책상 앞에서 업체와 협력해서 일하고, 상사와 부하직원과 함께하는 조직생활을 나는 무척 좋아했다. 어느 날 일을 너무 좋아했는지, 나에게 일중독이 찾아왔다. 잠을 자면서도 회사 생각을 하고, 주말에도 회사에 나가 있을 정도로 일에 미쳐 있었다. 결국 건강까지 해치게 되었고, 건강을 회복하기 위해 조직생활을 잠깐 쉬기로 결정하였다. 그리고 1년 뒤 나는 직장생활을 정리하고 대학원에 등록하면서 우연히 영어를 가르치는 기회를 갖게 되었다.

영어 선생으로서의 일은 하루 종일 컴퓨터 앞에 앉아 머리와 손가락만 가지고 하던 일과는 매우 달랐다. 하루 종일 서서 큰 소리로 떠들고, 우는 아이를 달래 주고, 사춘기 아이들의 눈치를 봐야 했다. 육체 노동과 정신 노동, 감정 노동이 함께 찾아오는 영어 선생이라는 직업이 얼마나 고되던지 그나마 육체 노동이 덜하던 직장생활이 그리워졌다.

영어 선생으로서 일을 시작하고 얼마 지나지 않았을 때는 매일 밤 학생들이 무심코 던진 말이 생각나서, 내 뜻대로 안 따라주는 아이들의 태도와 행동에 마음이 많이 불편해, 나도 모르게 불만이 가득했다. 그런데 영어를 가르치는 일을 하면서 내가 가장 적응이 안 되었던 것은 가르치는 일이 아니라 사람들이 갖고 있는 시간에 대한 개념이었다. 가르치는 일의 세계에서는 시간의 개념이 직장생활에서와 완전히 달랐다.

대환영 받는 휴강

수업을 진행하기 전 학부모와 상담 약속을 잡아 놓았는데 시간이 잘 지켜지지 않는 경우가 많았다. 상담 당일 예약을 쉽게 취소하기도 하고, 20~30분 정도는 약속 시간 당일에 연기하는 경우도 잦았다. 한 분이 상담 예약을 하고, 3~4분이 함께 몰려와 누구를 기준으로 상담해야 할지 몰라 당황한 적도 많았던 것 같다. 16년 동안의 사회생활 중에는 경험해보지 못한 미팅이어서 매우 당황스러웠다.

주부들의 영어 수업은 휴강도 잦다. 연휴가 끝나고 수업에 와야 하는 날 연락도 없이 안 오는 경우가 있다. 연락했다가 긴 연휴 때문에 수업이 있다는 것을 잊어버려 못 왔다는 이야기를 수 차례 들었다. 그런데 수업에 오지 않아서 연락하면 반응이 더 재미있다.

"아~깜박했어요" 하며 그냥 아무렇지 않아 해서 내 자신이 이상하게 느껴졌을 때도 많았다. 아이를 차로 데려다 줘야 한다든지 아이와 관련된 작은 행사라도 생기면 준비하느라 분주해 무조건 수업을 연기하거나 오지 않았다. 그리고 자녀 일로 수업을 빠지는 것을 매우 당연하게 생각했다.

수업을 빠지는 이유가 매우 다양하게 발생했는데 처음에는 수업에 정말 못 올 상황인 줄 알았다. 나중에 알고 보니 영어 수업을 빠질 수 있는 건수만 있으면 핑계를 만들어 빠진 거였다. 그리고 더욱더 놀라운 것은 내가 아프거나 부득이 휴강해야 하는 경우 대환영을 하며 기뻐했다. "선생님~, 아프시면 언제든지 휴강하셔도 됩니다~ 자주 아프세요~."

한숨 소리까지 따라 하는 아이들

만 네 살부터 60대까지 다양한 나이대 학생에게 영어를 가르쳐 보니 나이대별로 정말 많이 다르다는 것을 알 수 있었다. 한 자릿수 나이대의 아이들은 영어를 읽어주고 따라 하라고 하면 내 숨소리까지 따라 한다. 영어로 말하다가 중간에 기침하면 기침도 따라 한다. 그러니 어린 아이를 가르칠 때는 정말 조심스럽다.

십대 초반의 아이에게 이성 친구들은 적이 된다. 남자아이와 여자아이의 성향이 너무 달라 어릴 때부터 서로 많이 부딪힌다. 영어 수업도 남녀가 편을 갈라 싸우며 진행한다. 그렇게 하는 아이들을 보며 얼마나 난감했는지 모른다. 무서운 사춘기 아이는 과묵하거나 말이 많거나 둘 중에 하나다. 과묵한 아이가 들어오면 왜 중2가 무서워 북한이 못 쳐들어왔는지 실감할 수 있다. 고등학생들은 대입 시험 스트레스로 감정 기복이 심해 잘 다독거려야 한다. 우는 경우도 많아 이야기를 들어주며 위로하고 격려하며 눈물을 닦아주면서 수업해야 했다.

20대는 어른이지만 사회에서 가장 아기다. 그래서 한 자릿수 나이대의 아이들을 가르치는 마음이 든다. 두 자릿수 나이대부터 영어를 습득하는 속도에서 분명한 차이가 난다. 확실히 20대들은 30대보다 영어를 빨리 이해했다. 30대는 20대를 부러워하더라도 아직 늦지 않았다는 마음가짐으로 열심히 한다면 20대만큼 따라잡을 수 있다. 40대들은 단어를 기억하고 문법을 이해하는 데 20대의 꼭 두 배가 걸렸다. 그리고 가정과 여러 가지 일로 정신을 못 차렸다.

50대부터는 인생이야기를 늘어놓아 수업 진행이 잘 안 되는 경우가 많았다. 60대는 오히려 그들이 나에게 영어를 가르쳤다.

이게 원래 인생이었나 보다

약속을 잘 지키지 못하고 수업을 수시로 취소하고 빠질 수밖에 없음에도 불구하고 계속 영어 수업을 놓지 않는 주부들의 입장, 사랑을 많이 받아야 하는 한 자릿수 나이대의 초등학교 저학년 아이들, 이제 뭔가를 안 것 같은 초등학교 고학년의 아이들, 세상의 부조리를 깨닫고 반항하는 꿈 많은 중학생들, 어른이 되기 위해 나비가 애벌레가 껍질을 찢고 나오는 고통을 호소하는 고등학생들이 모두 영어를 배우고 있다. 그리고 어른이 되면 20대부터 이 과정을 다시 새로운 버전으로 반복한다.

어쨌든 직장생활에서는 있을 수 없는 일들을 경험하며 다양한 나이대의 사람들에게 영어를 가르치면서 나도 애벌레가 나비가 되는 탈피의 고통을 함께 겪었다. 때로는 마음이 상하고, 억울한 일을 겪거나, 신경을 너무 많이 써 건강이 나빠지기도 했다.

그런데 한 가지 얻은 것이 있다. 다양한 단계를 살아가고 있는 수많은 사람들을 대하며 인생의 큰 그림이 그려졌다. 그리고 기계적으로 돌아가지 않으면 큰일 날 것 같던 조직생활에서의 '경직됨'이 '유연함'으로 변해 있었다.

늘 긴장되고 경쟁으로 경직되던 직장 생활과 달리 학부모님들이 상담시간을 지키지 않아도, 학생들이 수업을 빠져도, 아이들이 울고, 뜯고, 싸워도, 사춘기 아이들이 나에게 반항을 해도 그냥 나만 그 자리에 묵묵히 서 있으면 큰일 없이 잘 돌아갔다. 인생이란 원래 이런 것이기 때문인가 보다.

인생 최고의 기술: 공감

영어로 대화하면 사람들은 솔직해진다. 저마다 각자 다른 단계의 인생을 향하고 있는 아이들과 사람들을 가르치면서 나는 인생을 배운다. 그들과 공감해 주고, 그들에게 조언도 해주어야 한다.

각자 살고 있는 단계가 달라 공감해 주는 것이 처음에는 무척 힘들었다. 무엇을 하든 영어 이전에 사람과 함께 살아가는 삶이기에 공감 능력이 무엇보다 중요하다. 내가 그들이 현재 처해 있는 상황을 공감하고 이해해 주지 못하면 영어 회화를 이어나갈 수 없다. 그래서 영어 수업을 계속해 나가기 위해 나는 끝없이 학생들의 나이에 상관없이 공감 지점을 찾는다.

말의 대발견

삶의 서포터로 살아가는 40~60대 주부들은 서로 얘기를 하는 중에

"응, 괜찮아~ 그럴 수 있어"라는 말을 유독 많이 사용하며 서로 위로하는 특징이 있다는 것을 발견했다. 처음에 난 이런 뼈대 없는 말을 들으며 속으로 "뭐가 괜찮다는 거야" "뭐가 그럴 수 있다는 거야" 했다. 하지만 여러 삶을 엿볼 기회를 갖게 된 이후로 "응, 괜찮아~ 그럴 수 있어"의 진리를 깨닫게 되었다.

그들도 내가 어떤 실수를 했을 때 "응, 괜찮아~ 그럴 수 있어"로 응대해 준다. 우리가 통제할 수 없는 상황, 우리가 모르는 그들의 삶에 대해 충고하지 말고, 어떻게 하려 애쓰지 말고, 공감해 주자.

학생들의 급변하는 심리적 변화를 공감해 주고, 수업을 자주 빠지더라도 공부를 계속 이어가고 싶어 하는 주부의 마음을 이해해 주고, 나를 가르치려고 하는 60대들로부터 삶의 지혜를 잔소리라고 생각하지 말고 들어보자.

영어 선생으로 살아간 지 10년이다. 요즈음은 "16년간 직장 생활 동안 내가 너무 경직되게 살았던 거구나" 하는 생각을 한다. 대학 강의, 기업 강의나 직장인 수업을 할 때마다 직원들에게 직장 생활이 좀 어떤지 묻는다. 경직되고 딱딱한 직장 생활이(요즈음은 예전보다 많이 유연해지긴 했지만) 나의 생활과는 확실히 많이 다름을 느낀다. 그리고 그들이 불평하고, 힘들어하고, 영어를 어려워하면 난 "응, 괜찮아~ 그럴 수 있어"로 그들을 위로해 준다. 나 자신에게도 어떤 실수를 했을 때 "응, 괜찮아~ 그럴 수 있어"로 화답한다. 여러분도 자신에게 꼭 해보자. "응, 괜찮아~ 그럴 수 있어."

중국은 없다

나는 매년 전 세계 아이들이 참여한 영국의 다국적 캠프를 마치고 나서 우리나라 아이들과 캠프에서 생활하면서 느낀 소감을 나눠본다. 우리나라 아이들과 소감을 나눌 때 안 빠지는 내용 중 하나는 가장 매너 좋은 나라의 아이와 가장 매너가 나쁜 나라의 아이들을 선정하는 것이다. 그런데 결과는 매년 똑같다. 우리나라 아이들은 최고는 늘 독일 아이들을 꼽고, 함께 있기가 불편한 나라 아이들로 중국 아이들을 꼽는다.

한국 아이들은 독일 아이들이 매너도 좋고, 남에 대한 배려도 잘해주고, 무엇보다 영어를 무척 잘한다고 칭찬한다. 이에 반해 중국 아이들은 매너가 없고, 다른 나라 아이들에 대한 존중과 배려도 없으며, 영어도 잘 안 하고 늘 중국어로 시끄럽게 떠들어서 불편했다고 말한다.

그리고 보니 캠프에 온 중국 아이들은 다른 나라 아이들에게 별로 관심을 보이지 않았다. 주말 여행 프로그램 중에도 다국적 아이들과 섞이지 않고 자기들끼리 따로 일정을 잡아 움직였다. 이렇게 하려면 이 먼 영국에서 열리는 다국적 캠프에는 왜 온 걸까. 아이들을 인솔 관리하기 위해 함께 온 다양한 외국 선생님과 모여 이야기 나누는 시간이 있는데 그때도 중국 선생님들은 다른 선생님들과 말을 잘 섞지 않았다. 경제 때문에 전 세계가 중국에 주목하지만 함께 나누고 교류하고 배우고 싶은 부분은 쉽게 찾을 수 없었다.

그래서 나는 중국에 크게 관심이 없었다. 캠프 때마다 한국 아이들이 중국 아이들에 대해 불평을 하면 중국이 아직 의식 수준이 낮아 그런가 보다 하고 가볍게 넘겼다. 그런데 중국에서 유학하다가 방학 때는 한국으로 와서 나에게 영어를 배우는 아이가 있었다. 그 아이와 중국 생활을 이야기하다가 중국에 대해 깊게 생각해 볼 기회를 갖게 되었다. 그리고 매년 캠프 때마다 우리나라 아이들에게 불만을 갖게 하던 중국 아이들의 행동에 대한 몇 가지 이유를 발견했다.

종교의 자유가 없는 나라

중국은 다른 나라에서 가능한 것 두 가지가 허락되지 않는다. 첫 번째는 종교이고 두 번째는 리더를 뽑는 국민들의 투표다.

첫 번째로 우리의 삶이 동물과 크게 구분되는 것은 삶에 의미와 가치를 부여하며 산다는 것이다. 우리는 삶에 의미를 부여하지 않고 동물처럼 본능적으로만 살아갈 수는 없다. 그래서 모든 인간은 다양한 루트를 통해 삶을 해석하려 하고, 나름의 의미를 부여하고자 각자의 신념 속에서 여러 활동을 한다. 그리고 진리를 찾다가 많은 사람들이 종교를 갖기도 하고 갖지 않기도 한다.

우리나라는 국교가 없고, 또 전쟁 후 돈 버느라 바빠 사람들이 종교에 큰 관심을 갖고 있지 않은 편이지만 전 세계 인구의 65퍼센트가 종교를 갖고 있다. 어쨌든 종교를 갖고 있지 않은 사람이라 할지라도 종교의 자유라는 선택권 안에서 종교를 갖지 않을 신념을 선택한 것이기 때문에 인간의 자유 의지를 실행한 것이다.

어떤 선택을 하든 이러한 선택은 나의 '정체성'을 확립해 준다. 또 그 과정을 거쳐 다른 이들의 정체성 또한 존중하는 경험을 하게 된다.

그런데 중국은 종교 자체를 부정하고, 국민의 종교활동을 허락하지 않는다. 이것은 세계 인구의 65퍼센트가 종교를 갖고 있다는 사실을 무시하고, 종교로 대부분 채워져 있는 세계 역사를 부인하며, 삶의 의미를 추구하려는 중국 사람의 자율권을 박탈하는 행위인 것이나 다름없다.

인간이 당연히 누려할 권리를 박탈당하고 선택권이 제한돼 자신의 정체성을 찾지 못하면 어항 속에서 먹이를 찾아 다니는 붕어처럼 자기 존엄과 존중에 많은 손상을 입게 된다.

따라서 종교의 자유를 누리지 못한다는 것은 다른 나라를 이해하는 데 많은 한계를 갖게 할 뿐 아니라 자신의 정체성을 발견하는 데도 많은 어려움을 준다. 중국 정부는 종교가 그만큼 영향력이 있다는 것을 알고 국민의 자율권을 통제하기 위해 다양한 신념을 추구할 수 있는 근본 자체를 봉쇄한 것이다.

그래서 사람들은 삶을 더 큰 의미에서 바라볼 수 없고, 다른 나라의 문화나 생활 모습에도 관심이 없게 돼, 그저 돈과 성공 그리고 자기 가족에게만 삶의 의미를 부여하며 살게 되는 것이다.

국민의 투표권이 없는 나라

두 번째로 중국 국민들은 자신들의 리더를 뽑을 수 있는 투표권이 없다. 사회에 반복되는 문제가 있다면 지도자를 바꿔 개혁해야 하는데 중국 국민에게는 지도자를 바꿀 수 있는 방법이 없다. 사회에 문제가 있어도 할 수 있는 게 아무것도 없다는 무력함은 사회 문제를 직시하고 해결하고자 하는 의지를 처음부터 꺾어 버린다. 그러니 옆에 사람이 죽어나가도 관심이 없고, 사회에도 관심을 가질 필요가 없으며, 그들의 관심사는 또다시 오로지 자기 가족과 돈으로 귀결된다. 다시 말해 그들에게 삶의 유일한 관심 대상은 오직 돈, 나, 가족뿐이다.

글로벌 시티즌(global citizen)의 부상

국경이 무너지면서 이 시대는 그 어느 때보다 국가 간 경제적 의존도가 높아졌다. 국가 간에 서로 긴밀히 연관돼 있는 만큼 경제적인 문제뿐 아니라, 세계가 직면하고 있는 여러 문제, 예를 들면 인권 침해, 기아, 불평등, 평화 유지, 인류의 존속 등의 문제를 해결하기 위해 전 인류가 함께 고민해줄 것을 촉구하고 있다.

이제는 더 이상 작은 사회의 시민으로 살아가는 것이 아니라 세계 평화와 번영을 위해 글로벌 시티즌(global citizen)의 개념을 갖고 살아가야 한다는 뜻이다. 좀 거창하게 느껴지는가?

글로벌 시티즌이란 국경이나 문화적 차이에 한계를 두지 않고, 전 세계를 내가 살고, 일하고, 즐기는 곳으로 간주하며 그 세상에서 함께 살고 있는 다른 이들에게도 관심을 갖고 돌보는 작업에도 참여하는 사람을 말한다.

글로벌 시티즌의 개념은 성인뿐 아니라 자라는 아이에게도 심어줘야 하는 시민권이자 특권이다. 글로벌 시티즌권(Global Citizenship)은 우리 아이들에게 더 큰 짐을 짊어지게 하는 것이 아니라 더 풍요롭게 인생을 누릴 수 있는 길을 열어주는 것이기에 우리 아이에게 어떻게 글로벌 시티즌의 대한 개념을 심어주고 이에 맞게 교육할지는 어른들에게 부여된 중요한 숙제다.

우리나라 아이들이 해외 캠프에 참여하는 자세는 10여 년 전에 비해 매우 좋아지고 있다. 한 번은 겨울 런던 캠프를 마치고 한국 귀국길에 오르는데 캠프 마지막 날 배웅하던 영국 선생님들이 한국의 아이들이 지금까지 본 많은 외국 학생 중 최고라며 "한국 학생들은 최고의 학생들입니다."[Korean students are the best students.]라고 말하면서 박수를 쳐준 적도 있었다. 참 뿌듯하고 기분 좋은 경험이었다.

글로벌 시티즌의 특권

글로벌 시민이 되려면 우선 내가 속한 국가에서 인간으로서 누려야 하는 권리를 인정받고 진정한 시민으로 성장할 수 있어야 한다. 우리의 권리를 행하는 가운데 우리는 자신의 정체성을 발견하고 남의 삶도 존중하게 된다.

인간 사회에서 삶의 푯대를 제시하는 '리더'와 삶에 의미를 부여하는 '종교'를 선택할 수 있는 '선택권'은 더불어 사는 삶 속에서 나 자신을 발견하고 다른 사람의 삶도 존중해 주게 만들므로 그 어느 권리보다도 중요한 권리다. 이러한 권리를 갖지 못한다는 것은 남을 이해하고, 사회를 이해하고, 국가를 이해하고, 전 세계를 이해하는 글로벌 시민으로

서의 의식수준을 높일 수 없으며, 인류발전에 관심을 갖고 기여하는 데 큰 장애를 갖게 된다는 것을 의미한다.

글로벌 시티즌권은 지구촌 시대에 서로 다른 인종과 문화가 뒤섞여 함께 잘 살아가려면 필수적으로 갖춰야 하는 것일 뿐 아니라 이 시대 사람들에게만 주어지는 특권이다. 그런데 중국은 (이것이) 없었다.

문화는
언어를 앞선다

굿 애프터눈

대학을 졸업하고 첫 직장인 LG에서 기획 관리팀으로 발령을 받았다. IT 분야를 배우고 싶었고, 그 분야에서 일하고 싶었는데 당시 영어를 하는 사람이 많지 않아 나에게 통번역 일이 자주 주어졌다. 미국 회사와 제휴했기 때문에 회사에 미국 컨설턴트들이 여러 명 파견 나와 있었다. 하루는 내가 통역을 담당하고 있던 미국 컨설턴트가 씩씩거리며 나를 찾아 와 이렇게 말하는 것이었다.

"아니, 도대체 왜 미스터 리는 매일 나에게 점심 먹었느냐고 물어보는 거야? 벌써 그런 지 한 달이나 됐다고. 매일 점심 때 나를 보면 점심 먹었냐고 묻고 그냥 간단 말이야."

점심 식사 후 지나가다 이 차장님과 마주치면 늘 "디쥬해브런치?"[Did you have lunch?] 하고 묻는다는 것이었다. 그러면 그때마다 "예스"[Yes.]라고 대답하는데 그러면 아무 말도 하지 않고 가버린다는 것이다. 식사를 왜 이리 빨리 했느냐고 물어보는 것인지, 식사를 같이 하자는 것인지, 점심을 먹으라는 것인지 알 수 없다며 벌써 한 달째 이렇게 물어보고 가버려서 기분이 나쁘다고 했다.

상황을 보니 차장님은 미국 컨설턴트들을 상대로 한국사람끼리 오후에 만나면 하는 형식적인 인사인 "식사하셨어요?"를 그대로 영어로 표현한 것이었다. 미국 컨설턴트가 그 말을 듣고 매일 의아해했을 것을 생각하니 웃음이 나왔다.

한국에서는 식사했느냐고 묻는 것이 오후 인사를 나누는 문화이고, 그걸 여과 없이 영어로 표현해서 이해가 가지 않았을 것이라고 미국 컨설턴트에게 설명해 주자 오해가 풀렸다. 그 뒤로 이 차장님이 "디쥬해 브런치?" 하고 물어보면 미국 컨설턴트는 "예스" 하고 자연스럽게 인사하며 지나갔다.

이 차장님은 당시 영어 시험 성적도 높았고 영어 구사도 잘하시는 분이었지만 한국 문화를 그대로 영어에 적용하는 엄청난 오류를 범했던 것이다. 영어 구사력이 꽤 좋으셨던 편이라 미국 컨설턴트는 차장님이 한국 문화를 자기에게 그대로 적용하는 오류를 범했을 것이라는 생각은 전혀 하지 못했다.

레이디스 퍼스트

당시 난 회사에 입사한 지 1년도 안 된 신입 직원이어서 차장님과 컨설턴트의 저녁 회식 자리에 함께할 순번이 되지 않았다. 그런데 어느 날 부장님과 차장님이 미국 컨설턴트들이랑 회식을 하려고 하는데 미국 컨설턴트가 나를 회식 자리에 꼭 데려가기를 바란다고 해서 어쩔 수 없이 참석한 적이 있었다.

회식할 식당에 도착하자 미국 컨설턴트는 한국과 또 다른 문화 차이를 보여주었다. 직책에 상관없이 "레이디 퍼스트"[ladies first]를 외치며 내가 먼저 들어가도록 식당 문도 열어주고, 내가 코트를 벗으면 받아서 옷걸이에 걸어주고, 의자까지 빼주는 친절한 매너를 보였다.

이 모습을 본 우리 차장님과 부장님은 당황해서 어찌할 바를 모르며 아무 일도 하지 않고 있던 두 분의 양손을 다소곳이 뒤로 감추었는데 나도 민망해서 그 자리에서 빨리 나오고 싶었다.

그 당시 한국에서는 직장 상사가 신입 여자 사원의 의자를 빼주거나 코트를 받아주는 행동은 지구가 멸망해도 일어날 수 없는 일이었다. 물론 지금도 그렇겠지만.

문화 능통성(cultural fluency)을 요구하는 시대

이처럼 나라마다 다른 문화의 차이는 사람들을 당황하게 하기도 하고 웃게 만들기도 한다. 그러나 이제는 문화를 이해하지 못하는 상황을 그냥 웃고 넘길 수만 있는 시대가 아니다. 급속도로 세계화가 되면서 그 어느 때보다 문화의 다양성이 우리의 삶 속에 아주 깊숙이 들어와 있다. 매일 문화를 읽어내고, 문화와 대화하고, 새로운 문화를 소화시켜야 한다.

만약 새로운 문화를 읽어내고 이해하는 데 실패하면 그 문화 속에 있는 사람은 무척이나 괴로울 수 있고 또 외로울 수 있다. 영어를 잘하는 사람일수록 다른 나라의 문화에 늘 관심이 많고, 이해하고 받아들이려는 마음이 열려 있음을 알 수 있다. 이처럼 문화의 다양성을 아우르고 품을 수 있는 능력을 문화 능통성(cultural fluency)이라 한다.

변화하는 대학 캠퍼스와 기업 문화

세계의 우수 대학들이 캠퍼스 환경에 다양성을 더하고자 열을 올리고 있다. 대학교 캠퍼스 내에 보다 소수 인종의 학생들을 모집하기 위해 수단과 방법을 가리지 않고 있는 것이다. 세계를 이해하는 힘은 바로 문화 능통성이라는 것을 알고 있기 때문이다.

기업들은 글로벌 시대에 다양한 문화와 인종이 사무실 환경에 유입됨에 따라 살아남기 위해 문화 능통성을 갖춘 문화 지능 지수, CQ(Cultural Quotient)가 높은 인재를 찾고 있다.

여기서 문화라는 것은 꼭 인종적으로 다른 문화만을 말하는 것은 아니다. 같은 나라 사람이라 할지라도 성장 배경이 다르고, 성별이 다르고, 종교가 다르고, 또 국가의 경제수준이 올라감에 따라 예전보다 누리는 문화적 활동의 범위와 차원이 그 어느 때보다 다양해졌기에 인종에 상관없이 함께 살아가는 모든 사람들이 갖고 있는 다양한 배경이 다문화를 만드는 것이다. 따라서, 우리나라 사람이 국제 결혼을 한 가정이나 우리나라에 살고 있는 외국인 근로자 가정을 '다문화 가정'이라고 지칭하는 것은 현재 우리가 살아가고 있는 시대를 역행하는 표현이다. '다문화 가정'이라는 용어를 사용하는 취지는 문화의 우열을 가리지 말고 그 문화를 인정해 주고 화합하자는 것이었겠지만, 그들을 바라보는 우리의 시선을 바꾸는 정책과 교육에 '다문화'라는 개념을 도입해야지 특정한 집단에게 '다문화'라는 명칭을 붙이는 것은 오히려 그들을 더 차별하는 결과를 낳는다. 특히, 국제결혼을 한 가정에서 태어나 한국에서 학교를 다니며 자란 아이는 이미 한국어도 능통하게 사용하고 우리나라 문화에 동화되었는데도 '다문화 가정'의 자녀라고 불린다. 이것이 오히려 우리와 다르다는 것만을 부각한 이미지를 남긴다. 영어에서는 국적이 다른 학생 또는 국제결혼을 한 가족을 인터내셔널 스튜던트(international student) 또는 인터내셔널 메리지(international marriage)라고 한다. 인터내셔널이라는 단어는 '두 국가 사이의'라는 뜻으로 상태(status)만 나타낼 뿐이지 '다문화'라는 명칭처럼 속성까지 다르다는 것을 부각하지 않는다. 이처럼 국제결혼을 했거나 우리나라에서 일하는 외국인 근로자를 '다문화 가정'이라고 지칭하는 것은 우리와 속성이 다르다는 딱지를 붙이는 꼴이 되므로 차별적인 요소만 더하게 될 뿐이다.

단일 민족으로 된 우리나라의 문화적 배경은 우리가 살아가고 있는 글로벌 시대를 충분히 이해하고 다른 것을 포용하여 융화하는 데 결코 유리하지 않다. 우리와 다른 것에 대한 차별이나 편견이 내제돼 있는 명칭을 사용하는 것은 더 좁은 우물 안에 우리를 가둘 뿐이다. 그래서 우리는 다양해진 문화에 대한 이해와 그것을 긍정적으로 활용할 수 있도록 특별한 노력을 기울여야 한다. 다양한 문화 능통성은 문화적으로, 물질적으로, 정신적으로 더욱더 풍요로운 삶으로 도약할 수 있는 발판이 될 것이기 때문이다.

IQ, EQ보다 CQ

조직이 클수록 다양한 인종과 문화가 배경인 사람들과 함께 일하게 되기 마련이다. '단일 민족'과 '단일 언어' 그리고 '초집단주의 문화적' 특징을 갖고 있는 우리나라에서 자라는 아이들은 문화 능통성을 키우는 데 매우 불리한 입장에 있다.

아이들에게 영어를 가르쳐 보면 동물과 생태계에 대한 책을 어릴 때부터 많이 접해서인지 자연에 대한 지식은 많지만 다양한 국가와 인종, 그리고 그들의 역사, 종교와 문화에 대한 지식은 상당히 부족한 것을 알 수 있다.

다양한 문화에 적응하지 못하는 사람들은 소통할 수 있는 대상에 한계가 생겨 관점이 좁아지고 점점 고립되면서 적응하지 못하게 되므로 결국 도태되거나 로컬(local) 인재로만 남는다. 그리고 지금도 그렇지만, 앞으로 살아가는 시대에는 로컬 인재와 글로벌 인재를 구분하는 선이 더욱더 분명해질 것이다.

다음은 구글(Google)의 인사채용 담당자의 말이다. 인사채용에서 문화 지능지수인 CQ(Cultural Quotient)가 매우 중요하다고 아래와 같이 강조하고 있다.

"As a Staffing Manager at Google, I'm focused on driving a rigorous hiring process. CQ must be part of that process."

— Nic Weatherhead, Google Recruiter, Singapore

구글의 직원채용 매니저로서 난 철저한 채용 절차를 끌어내는 데 집중하고 있다. CQ는 이 과정에서 반드시 한 부분을 차지해야 한다.

—닉 위더해드, 구글 채용담당자, 싱가폴

지금은 CQ의 시대가 분명하다. 글로벌 인재로 성장하는 데에, 그리고 요즘 흔히 강조되고 있는 '워러밸'의 삶을 살아가는 데에 문화를 읽어내는 CQ는 필수가 되었다. 세계는 'CQ가 높은 인재'가 매우 고프다.

글로벌 밀레니얼즈

의상 브랜드 중에서 디자인에 큰 특징이 없는 유니클로(uniqulo)라는 브랜드가 있다. 나는 처음에 유니클로의 옷들을 보며 외출복인지 집에서 입도록 디자인된 옷인지 좀 의아스러웠다. 옷에 선이 많이 들어가지 않고, 브랜드 표시도 없고, 유행도 없는 옷이라 누가 이런 옷을 입을까 하는 의구심이 들었는데 속옷부터 겉옷까지 큰 특징이 없는 옷으로 가득한 유니클로 브랜드가 백화점마다 들어서 있는 것을 보고 세상이 많이 달라졌다는 것을 느꼈다.

유니클로는 브랜드와 디자인을 내세우기보다 실용성(practicality)을 강조한 옷이다. 가격도 저렴해 남녀노소 누구나 편하게 고를 수 있어 인기를 끌고 있다. 주변을 돌아보니 어느새 '세대'가 바뀌고, '시대'가 바뀌면서 다양한 문화와 인종들이 뒤섞여 살고 있는 글로벌 시대가 되었고 '실용성(practicality)'이 세상을 이끌고 있었다. 밀레니얼(millenials) 세대의 시대가 시작된 것이다.

밀레니얼 세대는 Y세대라고도 하는데 다음의 특징을 갖는다.

- 1980년~2000년대에 태어남
- 컴퓨터에서 노트북으로 그리고 핸드폰으로의 변천사를 다 겪음
- 멀티-스크린(multi-screen user) 첫 유저들
- 페이스북(facebook)이나 인스타그램(instagram)과 같은 SNS를 처음 사용한 세대
- 세계화와 금융 위기를 지켜봄
- 어릴 때 늘 부모의 돌봄 속에서 길러짐
- 현재 노동력의 3분의 1을 차지하고 있음

구두를 벗어 던지다

양복이 티셔츠와 청바지로, 구두가 운동화로, 사무실 복장도 외출복도 바뀌었다. 직장 회식도 저녁에 하던 것이 점심시간대로, 금요일마다 있던 저녁 회식이 개인의 삶을 존중해 주기 위해 수요일 또는 목요일 모임으로 바뀌었다. 기업 휴가 문화도 많이 달라졌다. 예전에는 주어진 월차, 연차, 모두 눈치 보면서 사용하거나 쓰지 않고 연말에 돈으로 정산받는 것이 미덕이었는데 요즘은 아무 눈치 안 보고 주어진 휴가를 자유롭게 언제든지 사용한다. 이 모든 변화가 달라진 세대에 적응하고 살아남기 위해 선택된 것이다.

밀레니얼 세대인 20~30대들은 일과 개인 시간의 균형을 매우 중요하게 여기고, 회사에서 밤늦게 일하는 것은 싫어도 일이 많으면 집에서

이메일로 일하는 것을 마다하지 않는다.

즉, 워라벨의 삶을 지향한다. X세대와 베이비부머 세대인 현재의 40~50대들은 늦게까지 일을 하더라도 모든 일을 사무실에서 끝내기를 바라지, 집에 일을 가져가는 것은 절대 싫어하는데 말이다.

실제로 기업강의를 다녀보면 20~30대 직장인이 털어놓는 가장 많은 불만이 야근이었고, 부장급 이상의 임원의 불만은 젊은 직원들이 일이 있어도 늦게까지 남지 않는다는 것이었다.

이 시대는 높은 실업률, 부족한 자원에 대한 인식 변화, 글로벌화로 인한 무한 경쟁 시대라는 환경에서 살아남기 위한 답을 '실용주의'에서 찾고 있다. 허례허식이나 군더더기는 필요없다. 모든 것을 우선하는 가치는 실용성에 있다. 실용주의를 대표하는 밀레니얼 세대는 국경을 뛰어넘어 존재한다.

정장을 즐겨 입던 나도 이 시대가 추구하는 가치에 부흥하고자 구두를 벗어 던지고 운동화를 신고, 정장보다 캐주얼을 즐겨 입는 변화에 적응하려고 애쓰고 있다.

달라진 근무환경

스마트폰과 노트북만 있으면 어디에서든 언제든 이메일을 볼 수 있어 주말이든 새벽이든 내가 편하고 필요한 시간에 해외 업체와 이메일로 일을 한다. 한 번은 영국의 한 영어 교육 프로그램을 문의하기 위해 몇 달간 이메일을 주고 받았는데 담당자가 영국인이라 그 사람이 영국에 있는 줄 알았더니 일본에 있는 사무실에 앉아 있었다. 이처럼 우리는 일본에 사무실을 두고 영국과 관련된 정보를 한국에 있는 사람에게

줄 수 있다. 사무실 없이 노트북 하나만으로도 일할 수 있는 시대에 살고 있으므로 일하는 방법에 대한 고정관념도 사라졌다.

나는 요즘 거실에서 TV를 보다가 피곤하면 방에 들어가 노트북으로 영화를 보고, 요리하다 핸드폰으로 정보를 찾아보며, 자다가 새벽에 일어나 해외에서 온 이메일을 스마트폰으로 확인한다.

시간과 공간을 내 마음대로 사용할 수 있다 보니 어쩔 때는 내가 쉬고 있는 건지 일을 하고 있는 건지 구분이 안 갈 때도 있지만 일의 실용성을 인지하고 달라진 환경에 적응해 나가려고 애쓰고 있다.

노마드 마인드+포용력

포용력(embracement)

인터넷과 스마트폰으로 공간과 시간을 초월하며 일하기도 하지만 글로벌화 때문에 고향을 떠나 해외에서 일해야 하는 경우도 또한 예전보다 더 흔해졌다. 요즘에는 언제든지 고향을 떠나 일할 수 있고, 새로운 분야에 뛰어들 수 있는 노마드(nomad, 유목민) 마인드가 필요하다.

유목민들은 언제든지 음식을 찾아 이동해야 하기 때문에 늘 '간편성(lightness)', '휴대성(portability)', 그리고 '적응성(adaptability)'을 갖추고 있다. 우리도 달라진 시장 상황을 빨리 인지하고, 콜링(calling)을 받으면 언제든지 텐트를 접고 다른 곳으로 이동할 수 있어야 하고, 새로운 환경에 빠르게 적응해야 하므로 이 세 가지 특징을 갖고 있는 노머드 마인드로 정신을 무장해야 한다. 이 마인드를 가지려면 분명 지식의 폭이 넓은 영어 능력과 문화 능통성을 갖추어야 할 것이다.

이러한 노마드 마인드가 이 시대의 대표적인 실용성이다. 그런데 이

노마드 마인드에 더하여 다양한 문화와 인종 사이에서 발생하는 충돌에 대비하기 위해 갖춰야 하는 또 다른 마인드가 있는데 그것은 바로 '포용력(embracement)'이다.

렛잇비(Let It Be)~

해외 교육 프로그램을 기획하는 회사에서 일할 때 나는 인도 현지에 법인장으로 3년간 나가 있었다. 세계가 지구촌이 되다 보니 예전에는 참 멀게 느껴지던 인도라는 나라도 아주 가까이 있는 나라처럼 다가왔다.

인도는 도로에 최신식 벤츠와 BMW가 굴러다니는가 하면 낙타를 타고 다니는 사람을 위한 낙타 파킹 장소가 있는 나라다. 인도는 모든 사람들이 최신식 핸드폰을 소지하고 있고, IT 대국이지만 코끼리 타기 체험하겠다고 돈을 지불하면 집까지 코끼리를 기꺼이 데리고 와주는 재미있는 나라다. 물론 집 정원이 엄청나게 커야 올 수 있다. 그리고 코끼리는 걸어서 와야 하기 때문에 시간을 정확히 맞출 수 없다는 점도 감안해야 한다.

청바지와 운동화를 신고 다니는 여자들이 있는 반면 아직도 인도의 전통 의상인 사리(sari)를 벗지 못하는 사람도 인도에는 수두룩하다. 그래서 인도는 마치 우리나라의 60년대 70년대 같으면서도 과거, 현재, 미래가 공존하는 잠재력이 무궁무진한 그런 곳이다.

인도는 한국과는 정말 차원이 다른 근무환경을 갖고 있다. 특히 인종과 문화가 더욱더 그러했다. '종교의 나라'답게 함께 일하던 직원이 모두 종교가 다르고, 계급도 달랐고, 같은 인도인이지만 나라가 워낙 크다 보니 인종도 다양했다. 회사의 몇 안 되는 인도 직원이 갖고 있던 종교만 해도 기독교(Christianity), 자이나교(Jainism), 시크교(Sikhism), 힌두교(Hinduism), 이슬람교(Islam)로 각자 다른 종교 공휴일을 지켜야 해서 고민한 적도 있다. 바빠 죽겠는데 인종과 종교 그리고 문화를 다 챙겨 주려 하니 좀 답답한 마음이 들었다. 게다가 또 한국이 공휴일이면 한국과 연락이 안 되니 같이 쉬어야 한다. 도대체 며칠을 쉬어야 하는지.

그래서 미국에서 사업을 하고 있는 라지브(Rajiv)라는 인도 친구에게 이럴 경우 어떻게 해야 하느냐고 물어보았다. 그러자 라지브는 나에게 이렇게 대답해 주었다. "성희, 인도는 렛잇비(let it be, 순리대로 놔둬)의 사고가 강한 나라야, 그래서 코끼리, 낙타와 같은 동물들도 오랫동안 다 같이 공존하며 살 수 있었던 거라고. 외부에서 볼 때는 단점이 될 수 있지만 인도의 잠재력이기도 해. 그러니 종교도 렛잇비하라고." 라지브의 말을 듣고 '아차' 하는 생각이 들었다. 내가 비록 한국 사람이고 또 한국 회사이긴 하지만 이곳은 인도이고 인도 사람들과 함께 일하고 있음을 인지하고 그들의 문화를 있는 그대로 포용해 주는 것이 맞다는 판단을 했다. 덕분에 회사는 큰 탈 없이 잘 돌아갔다.

시간이 흘렀어도 나는 라지브가 '렛잇비'하라고 한 말을 자주 떠올린다. 하지만 우리는 렛잇비와 정반대되는 삶을 살아가고 있는 것은 아닌가 하는 생각이 든다. 단일민족이라 다 똑같아서 그런가? 헌 것을 빨리 새것으로 바꿔야 하고, 남이 하면 나도 따라 해야 하고, 아이들의 특징도 있는 그대로 인정해 주지 못하고 한 지점을 향해 밀어 붙여야 한다.

다양한 민족이 어우러져 각자 주어진 대로 과거, 현재 그리고 미래를 살아가고 있는 인도를 경험하면서 문화의 다양성을 포용하는 방법을 렛잇비로 또 한 번 배웠다. 어떤 문화가 맞고 어떤 문화가 틀리다고 판단하는 것이 아니라 그냥 렛잇비하며 함께 공존할 수 있는 방법을 찾는 것이 서로 평화를 지키는 방법이라는 것. 이것이 바로 포용력이라는 것!

IT 기업 팀장과 손으로 밥 먹기

한 번은 말레이시아의 한 IT 기업과 IT 연수 교육 프로그램을 기획하러 말레이시아에 출장을 갔는데 말레이시아 IT 기업의 팀장이 인도 사람이었다. 그가 나에게 점심을 사주겠다고 해서 전통 인도 식당에 갔다. 그 식당은 바나나 잎에다 밥을 주고 카레를 뿌려 맨 손으로 먹는 전통적인 남부 인도식 음식점이었다. 하지만 외국인인 나에게는 스푼과 포크를 자연스럽게 가져다주었다.

인도에서 일해본 경험이 있어 난 거부감 없이 포크와 나이프를 치워버리고 인도 팀장과 함께 손으로 먹기 시작했다. 사실 인도에 있었을 때도 손으로 먹어본 적이 없었지만 그들이 손으로 먹는 데에는 분명 이유가 있을 것이라고 생각했기에 언제가 손으로 먹어봐야지 하고 있던 참인데 마침 기회가 온 것이다. 확실히 손에서 느껴지는 촉감 때문인지 음식이 더 맛있게 느껴지는 것 같았다. 그리고 그날 원한 대로 계약은 잘 진행되었다.

이처럼 우리는 실용주의와 딱 맞는 밀레니얼 세대의 시대를 살면서도 글로벌 물결 때문에 다양해진 인종과 문화 또 지역적 특색에 뒤섞이며, 극변하는 시대를 살아가야 한다. 시대와 변화의 흐름에 잘 적응할 수 있어야 할 뿐만 아니라 달라진 근무환경도 빨리 읽어내야 한다. 그러지 못하면 아무리 선진 문화권에서 왔다고 할지라도 '올드(old)' 하다는 취급을 받는 퇴물이 될 수 있기 때문이다.

밀려오는 파도를 서핑으로 대처하면 파도타기를 즐기며 기회를 잡게 되고, 그냥 멍하니 바라보며 서 있기만 하면 파도에 휩쓸리게 될 것이다. 선택은 당신에게 달려 있다.

달라진 국내 대학

글로벌 시대에 가장 개방을 안 하고 버티는 분야는 바로 의료계와 교육계 그리고 법조계다. 그런데 이 분야의 국경도 서서히 무너지고 있다. 우리나라에 영국의 로펌(law firm)들이 들어오기로 되어 있을 뿐만 아니라 송도국제도시에는 이미 해외 유명 대학교들이 들어와 있다. 아직 많이 활성화돼 있지는 않아 보이지만 난 이 학교들의 시스템을 유심히 관찰하고 있다. 왜냐하면 이미 20년 전부터 인도, 싱가포르, 말레이시아와 같은 영어권 나라에서는 송도에 들어와 있는 국제대학과 같은 시스템의 대학이 활성화돼 있으며, 아이들이 성공적으로 이 대학의 제도를 잘 활용하고 있기 때문이다.

송도에 들어와 있는 외국 대학에 다니면 한국에서 3년, 그리고 1년은 현지 국가의 캠퍼스에서 수업을 듣는다. 그리고 그 나라의 대학에서 제공하는 동등한 학위를 받는다. 나는 이러한 3+1 대학 제도가 문화 적응 지수와 변화 적응 지수를 모두 높이는 교육제도라고 생각한다. 대학을 다니면서 최소한 두 개 이상의 교육환경을 경험하고 적응해야 하며 또 다른 나라에 가서 다른 인종과 언어 그리고 문화를 접하면서 환경 변화를 겪으며 적응해 보는 것은 문화 능통성을 요구하는 시대에 필요한 최적화된 교육 솔루션이라고 생각한다. 물론 아직 초창기라 앞으로 계속 많은 시행착오를 겪게 되긴 하겠지만 말이다.

유럽인들에게 우리나라 대표 음식으로 늘 불고기와 비빔밥을 소개했지만, 소고기를 먹지 않는 인도의 힌두교인들 앞에서 한국의 불고기를 자랑할 수는 없다. 하지만 김치 얘기를 하면 된다. 돼지고기를 더럽다고 생각하며 안 먹는 무슬림들 앞에서는 삼겹살을 맛있다고 설명할 수 없지만 불고기는 함께 즐길 수 있다.

밀레니얼 세대들에게 늦게 일하는 것을 요구할 수는 없지만, 이메일과 스마트폰 사용을 편하게 생각하는 그들에게 기존과는 다른 업무 방법을 제시해 일의 성과를 높일 수 있다. 이처럼 모든 민족과 세대 간의 다양한 문화가 섞이고 충돌하는 이 시대를 사는 우리는 그 어느 때보다 사고의 유연성과 이를 포용하려는 마인드를 갖추어야 한다.

변화는 분명 많은 스트레스를 가져다준다. 그래서 변화를 좋아하는 사람은 아무도 없다. 하지만 우리는 이미 급변하는 시대에 들어와 있다. 이에 적응하며 새로운 문화를 잘 정착시켜야 한다. 노마드 정신과 포용력을 차세대에게도 가르치며 다가올 미래를 준비시켜야 한다. 앞으로의 삶은 그 어느 때보다 더 기아급수적(exponentially)으로 빠르고 다양하게 변할 것이기 때문이다.

한국은 _____이 없다

외출을 하면 기분이 좋아지는 이유는 바로 자연과의 교감 때문이다. 어린 아이가 매일 나가자고 엄마에게 떼를 쓰는 이유는 태양빛을 받으며 바람과 풀, 나무와 교감할 수 있기 때문이다. 그래서 강아지도 외출을 좋아한다.

태양빛은 우리의 신체 내 시계(cardinal clock)가 정상적으로 작동할 수 있게 해주므로 식욕부터 수면, 기분, 정신적인 에너지까지 충전되며 이를 최적화하도록 도와준다고 한다. 우리는 본능적으로 이것을 알고 있다. 그래서 더욱더 외출을 즐긴다.

한 연구에 따르면 오전에 45분간 태양빛 속에 자신을 노출시켜야 신체 컨디션을 최고로 유지할 수 있다고 한다. 이처럼 우리는 신체가 요구하는 것을 외출에서 얻으면서 신체리듬이 정상화되는 것을 통해 해방감을 느낀다. 그런데 인간은 동물과는 달리 자연과의 교감만으로는 살 수 없다. 우리는 우리가 속한 공동체 안에서도 교감하며 살아야 하기 때문이다.

우리가 속한 공동체에서 안정감을 느끼고, 정체성을 확인할 때 우리
는 더욱더 큰 행복을 맛볼 수 있다. 한 아파트에서 함께 생활하는 이웃
들, 지나가는 사람들, 직장 동료들과 우리는 교감해야 한다. 우리가 그
들을 차단하고 교감하지 않으면 나의 존재를 확인할 수 없고, 또 그들
의 존재를 확인시켜 줄 수 없다. 그래서 교감을 통해 삶 속에서 얻게 되
는 큰 만족감과 행복감을 누릴 수 없게 된다.

교감1: 도시에서의 교감

매년 진행하는 캠프 중 나는 런던에서 열리는 캠프를 가장 좋아한다.
그 이유는 런던캠프는 시내에서 진행되다 보니 영국 외곽의 사립학교
같은 거대한 캠퍼스는 볼 수 없을지라도 아이들과 함께 지하철과 버스
를 타고 직접 걸어 다니며 런던 시내를 탐방할 수 있기 때문이다. 이렇
게 하면 아이들은 방문하는 곳뿐만 아니라 길거리의 영국 사람들과도
생활 속에서 직접 교감할 수 있어 여기에서 얻는 만족감이 매우 크다.

아이들은 길거리에서 다양한 영국인들의 모습을 지켜보고 그들과 자
연스럽게 대화하기도 한다. 나 또한 아이들의 반응을 보며 많은 것을
교감하고 배운다.

박물관 엘리베이터를 우리 아이들과 함께 탄 한 영국 숙녀분께서는
우리를 인솔해 주시는 영국 선생님이 아이들에게 던지는 농담을 듣고
함께 웃으며 맞받아 친다. 지하철을 함께 탄 영국 시민들도 우리가 나
누는 대화를 들으며 함께 미소 지어 준다. 큰 개를 데리고 버스에 마음
대로 올라 탈 수 있는 자유에 아이들은 놀라기도 하고 부러움을 표현하

기도 한다. 옷깃만 스쳐도 서로 죄송하다고 말하는 사람들의 매너를 보고 여기서 살고 싶다고 한다.

교감2: 공항에서의 교감

한 번은 비행기 안에서 우리 아이들이 앉은 옆자리에 한 영국 신사가 앉았다. 어린 한국 아이들을 신기하게 쳐다보며 그 신사가 아이들에게 물었다. "너네 영국 어디로 가니?" "영국에는 왜 가는 거니?" 아이들은 부족한 영어로 그 신사의 질문에 대답한다.

그 분은 비행기가 착륙하고 나서 내가 아이들에게 내릴 준비를 하라고 지시하는 것을 보고 내가 인솔 교사임을 알았다.

입국수속을 마치고 짐을 찾아 아이들과 함께 나가면서 그 영국신사와 눈이 마주쳤는데 나에게 아이들과 영국에서 좋은 시간이 되길 바란다며 따뜻한 인사를 건네주고 갔다.

한 번도 본 적 없는 사람들과 이렇게 서로 교감하는 것은 우리 모두에게 큰 안정감과 기쁨을 선물한다. 특히 낯선 이국 땅에서의 따뜻한 교감은 나라와 민족을 떠나 세계가 '지구촌'임을 더욱더 실감나게 한다.

인격적인 만남으로 교감하기

대한민국은 영국만큼 자신의 느낌을 자유롭게 말하고, 감정을 쉽게 교감할 수 있는 문화는 아닌 것 같다. 내 감정과 생각을 표현했을 때 돌아오는 타인의 평가를 많이 조심해야 하는 사회이기 때문에 교감의 범위도 매우 제한적이다.

집단주의가 강한 우리나라는 타인에게 나의 사회적 지위 또는 상태(status)를 공개하는 것도 매우 꺼린다. 나의 신분 또는 지위가 사회적으로 높으면 높은 대로 잘난 척 한다고 비판을 받을 수 있고, 낮으면 낮은 대로 열등감을 느끼게 되기 때문이다.

사람들과 교감하려면 서로 표정을 주고받든, 질문이 오고가든 해야 한다. 그러나 내가 어떤 것을 물어보려면 나도 내 이야기를 해야 하기 때문에 난처한 상황이 될 수 있는 상황을 만들지 않으려고, 꼭 필요하지 않으면 아예 말을 섞지 않는다. 그래서 우리나라 사람들은 가족과 같은 안정된 울타리 안에서만 자신을 보여준다.

사람을 만나고 교제하는 것을 좋아하는 나는 울타리 밖에서는 사람들과 교제하기 어려운 우리나라 문화가 조금은 힘들다.

그건 비밀이에요

모든 문화에는 대화의 주제로 꺼내면 안 되는, 금기시되는 주제들이 있다. 물론 우리나라에도 있다. 미국 원어민 선생님이 주부들을 위한 오전 영어 수업 시간을 진행하다가 발생한 일이다. 그날 영어 회화 수업 주제가 어느 대학을 나왔고, 전공이 무엇인지를 이야기하는 것이었다. 우리나라 문화를 잘 모르는 원어민 선생님은 주부인 학생들에게 자신이 나온 대학과 전공을 소개하라고 했다. 그러자 모든 학생들이 하나같이 자신이 나온 대학 이름은 밝힐 수 없다고 하면서 전공만 얘기하고 넘어 갔다고 한다. 여덟 명 중 한 명이라도 말할 줄 알았는데 모두 "대학 이름은 비밀이에요~"라고 했다는 것이다. 원어민 선생님은 왜 대학 이름을 말하는 게 비밀인지 이해가 안 간다며 나에게 이유를 설명해 달라고 했다.

우리나라에서는 본인이 먼저 말하지 않는 이상 물어보면 안 되는, 몇 가지 금기시되는 것들이 있는데 그중 하나가 출신 대학이라고 이야기해 주었다. 미국 선생님은 미국에서는 대학을 가든 안 가든 이러한 정보를 서로 자유롭게 나누는 게 전혀 문제가 되지 않는다며, 하버드 대학을 졸업했다 하더라도 조금 인상적일 뿐이지 우리나라에서처럼 SKY대를 나온 사람을 높이 우러러보는 그런 문화는 없다고 했다. 그리고 아직도 이런 것을 신경 쓰고 말하지 못하는 우리 문화가 놀랍다고 말했다.

이러한 우리 문화는 시간이 지나면 과연 달라질 수 있을까?

한국에서는 금기시되는 질문

우리나라에서는 그러고 보니 금기시되는 질문이 참 많다. 금기시까지는 아니어도 본인이 말하기 전까지는 물어보기 어려운 말이 좀 많다.

한국에서 쉽게 물어보기 어려운 말

- 남편의 직업
- 아내의 직업
- 본인 출신 대학
- 자녀가 다니는 학교(일반 초중고가 아닐 때)
- 자녀의 대학
- 자녀의 직장
- 남편의 이름
- 아내의 이름

우리나라는 성인이 되면 이름을 물어보는 것도 참 조심스럽다. 그래서 우리는 결혼을 하면 그냥 편하게 ○○의 엄마, ○○의 아빠, ○○의 아내, 직장을 다니면 ○○대리님, ○○과장님 등으로 서로 호칭한다. 서로 이렇게 호칭을 하면 사람과 사람의 인격적인 만남이 이루어지기보다 다른 관계나 소속 단체의 신분으로 관계를 형성하게 된다.

10년 전 직장에서 나에게 대리였던 사람은 지금 만나도 대리다. 이러한 호칭을 사용하는 건 자신의 인격 자체를 존중하는 게 아니라 내가 갖고 있는 신분(status)이 나를 나타내는 꼴이다. 주부들에게 영어를 가르쳐 보면 친구와 함께 배우는 경우가 많다. 그런데 누구누구의 엄마로만 부르고 있어 서로의 이름을 수 년째 모르는 경우가 허다했다. 처음에 자녀를 통해 만난 관계일지라도 서로 이름을 알고 부르면 좀 더 인격적인 만남을 이어갈 수 있지 않을까.

가장 친하게 지내야 할 사람이 이웃인데 10년을 같은 아파트에 살지만 이름도 모르고 직업도 모르고 얼굴 외에는 아는 게 없다. 이웃을 엘리베이터에서 만나면 늘 같은 사람에게 "안녕하세요", "안녕히 가세요"만 10년째 하고 있는 것 같다.

나를 한국사람으로 느끼게 하는 것은 한국사람을 만나 교감하는 순간들이다. 하지만 가끔 나가는 해외 출장에서 만나는 외국 사람들과 이름을 나누며 이야기할 때 더 많은 교감을 느끼고 더 많이 공감받는다.

깊은 대화를 하려면 다른 연결된 관계없이 먼저 서로를 인격적으로 알아야 한다. 서로 알려면 물어봐야 한다. 서로 자유롭게 질문하고 대답할 수 있을 때 건강한 사회가 된다.

취미가 뭔지, 주말엔 무엇을 하는지, 어떤 것을 좋아하고, 어떤 학교를 나왔는지, 왜 대학을 안 갔는지, 무슨 대학에서 공부하는지, 남편은 무슨 일을 하고, 아내는 무슨 일을 하는지. 이것들은 평가의 대상이 아니다. 공동체의 구성원으로서 이 사회를 만들어내고 있는 각자의 고유한 스토리다. 나의 소중한 삶일 뿐이다.

우리나라에서도 머지 않아 이러한 것들을 염두에 두지 않고 진정한 교감이 이루어지는 대화가 오고 가기를 바라는 것은 욕심일까?

한국인은
인종차별주의자인가?

단골 토론 주제: 인종차별

영어 토론 수업에서 많이 등장하는 단골 주제는 단연 '인종차별'이다. 주로 미국에서의 흑인을 향한 백인들의 인종차별이 주제이지만 난 수업 시간에 빠짐없이 우리도 인종차별을 하는지 학생들에게 물어본다.

아이부터 성인까지 내가 가르치는 거의 모든 학생들이 우리나라 사람들도 인종차별을 한다고 대답하고, 우리나라에서 일어나는 인종차별에 대해서는 아무도 신경 쓰지 않는다는 의견까지 말하곤 한다. 불행 중 다행인 것은 우리 스스로 인종차별을 하고 있다는 것을 인정하고 있고 또 개선되어야 한다고 믿고 있다는 점이다.

우리는 정말 '인종차별'을 하고 있는 것일까? 아니면 가난하고 힘없는 자를 차별하는 것일까?

이러한 질문을 중학생 아이들에게 던졌더니 아이들은 잠깐 생각한 후 피부색이 아니라 사실은 가난하고 힘없는 자를 차별하는 것에 인종

70

차별이 포함되어 있는 것 같다고 대답했다. 그리고 아이들은 힘없는 장애인들을 비하하는 말이나 욕설도 우리나라 말에 너무 많다고 덧붙였다. 그러니 우리는 사실상 피부색으로 인종차별을 하는 것이 아니라 가난하고 힘없는 자들을 차별하는 것인데 인종차별을 하고 있다고 '미화'하고 있다는 것이다.

아이들이 이렇게 말하는 이유는 가난하고 힘없는 자를 차별하는 것이 인종차별보다 더 나쁘다고 생각하기 때문이다. 아이들은 순수해서 어른들보다 편견이 적다. 그래서 내가 어떤 것에 편견을 갖고 있는지 안 갖고 있는지는 아이들에게 같은 생각을 물어보면 바로 확인할 수 있다.

가난하고 약한 사람을 무시하는 행동을 '미화'한 말 인종차별, 사춘기 중학생의 눈에 비친 우리의 모습이다.

이것은 문화차별?

프랑스에서 15년간 미술공부를 하고 화가로 활동하던 이모는 한국에 돌아온 후 늘 다시 프랑스로 돌아가기를 원했다. 이모는 우리나라가 가난하고 힘들었던 80년대 초반에 프랑스에 건너가 미술을 공부했는데 가난한 나라에서 왔다는 이유로 인종차별이나 불편한 대우를 받아 본 적이 단 한 번도 없다고 했다. 오히려 여성으로서, 동양인으로서 프랑스에 살면서 우리가 갖고 있는 역사와 문화를 존중받으며 프랑스인보다 더 좋은 대우를 받으며 살았다고 했다.

네덜란드의 MBA 과정을 조사하는 과정에서 한 입학 처장을 만나러 네덜란드에 여러 번 방문한 적이 있다. 당시 미국과 다른 유럽 국가의 교수님이 나와 같은 대학을 조사차 방문하고 있어서 함께 저녁식사를 했다. 동양인은 나밖에 없었고, 미국인 교수님 한 분과 유럽인들이었다. 돌아가며 자기 소개를 하고, 많은 대화가 오고 갔다. 그런데 대화 중에 미국인 교수님이 마치 열등한 국가에서 온 것이 아닌가 하는 느낌이 들었다. 문화와 역사를 매우 중요시 여기고 관심이 많은 유럽인들 틈에서 미국 교수님이 활발하게 대화에 참여할 기회가 별로 없었기 때문이었다. 미국은 세계 강대국이고, 가장 부유한 국가 중 하나지만 유럽인들은 물질과 힘이 기준이 되는 대화는 하지 않았다. 오히려 긴 역사와 독특한 문화에 대화의 가치를 두었기 때문에 한국에 더 관심이 많았다. 당연히 관심이 나에게 쏠렸고, 마치 내가 매우 우월한 존재인 듯 느껴졌다.

"어, 이건 문화차별인가?"

그리고 네덜란드뿐만 아니라 스웨덴, 헝가리, 프랑스 등 유럽 국가에서 일로 만나는 사람들에게 늘 내가 미국인보다 더 좋은 대우와 관심을 받은 기억이 난다.

성차별

좀 오래 전에 있었던 일이긴 하지만 인도계 미국인 거래처 사람과 한국 사무실에서 대화를 나누던 중에 그가 이런 말을 나에게 했었다.

"너의 나라는 기술적으로도 경제적으로도 매우 발전한 나라인데도 왜 아직도 사무실에서 여자가 커피를 타오니? 인도인 우리 고향에서도 여자란 이유로 직장에서 커피를 타지는 않아."

물론, 요즘 대한민국 사무실에서 여자라는 이유로 커피를 타는 일은 전혀 없겠지만, 당시 개발국가인 인도보다 사무실에 더 많은 성차별이 있다는 것에 좀 당황했다. 상당히 경제 수준이 올라온 10년 전만 해도 우리나라는 매우 보수적이었다.

최근 여성의 고위직 진출을 가로 막는 직장 내의 보이지 않는 장벽을 말하는 '글래스 씰링(glass ceiling, 유리 천장)' 조사에서 OECD 국가 중 우리나라가 꼴찌를 했다. 그리고 한국이 이것을 극복할 때까지 최소 202년이 걸린다는 조사결과까지 공개돼 충격적이었다.

진짜 200년이 넘게 걸릴지는 두고 볼일이지만 외국의 연구로 나온 이 결과가 지금의 한국 사회의 성차별을 현실적으로 보여주고 있는 것이 아닐까?

학교성적(grade)차별

우리나라 아이들은 중학교에 들어가는 순간부터 '선생님들이 공부 잘하는 아이들과 그렇지 않은 아이들을 차별한다'는 말을 하기 시작한다. 그런데 고등학교에 들어가면 성적차별은 더욱더 심해진다.

한 고등학생을 둔 학부모님이 들려준 이야기인데 자녀가 다니는 일반 고등학교는 전교 50등 안에 드는 아이들만 서울과 수도권에 있는 대학에 보내기 위해 따로 관리한다고 한다. 이 아이들은 특별한 과제도 내주고, 아침에도 일찍 등교시켜 공부하게 하고, 생기부도 특별 관리하며, 학교 수업 후 따로 남겨 별도의 수업도 해주고, 이 아이들만 사용하는 학교 내 도서관도 따로 있다는 것이다. 그래서 상위 50등 안에 들지 못하면 이 고등학교는 그냥 몸만 왔다 갔다 하며 고등학교 졸업장만 받아가는 곳이 된다고 했다.

아이들을 가장 위해 주고, 인격적으로 대우해 줘야 하는 학교가 아이들에게 이렇게 차별적인 대우를 한다는 것을 들으며 내 마음은 정말 쓰리고 아팠다. 이 세상에 어떤 나라도 학교 성적으로 이렇게까지 노골적으로 차별하지 않는다. 성적차별은 성적을 '힘'으로 여기고, 힘 없고 약한 자를 차별하는 또 다른 '미화'된 차별이다.

영화 속의 차별: 영국영화 vs. 미국영화

우리는 할리우드 영화에서 다양한 피부색의 민족을 간접적으로 만난다. 할리우드 영화에서는 백인이 대부분 주인공이면서 우월한 존재로 등장하고, 흑인들은 악역이나 약자 또는 희생자로 등장하는 경우가 많다. 선이 가늘고 대체적으로 골격이 작은 동양인은 수학이나 컴퓨터만 아는 괴짜로 자주 등장한다. 할리우드 영화에서 피부색에 따라 맡은 배역을 보면 어쩔 수 없는 미국 사회의 편견이 영화에 녹아 있는 것을 알 수 있다. 자연스럽게 영화가 미국 사회의 현실을 반영하고 있는 것이다.

그런데 영국 영화는 피부색에 대한 편견이 미국영화보다 상당히 적다. 많은 한국인이 사랑한 영화 〈러브 액츄얼리(Love Actually)〉만 봐도 백인 신부와 흑인 신랑이 대등한 관계로 결혼하고 백인과 흑인이 아주 친한 친구로 동등하게 나온다.

〈노팅힐(Notting Hill)〉 또는 〈어바웃 타임(About Time)〉 같은 영화에

도 사고를 당해 휠체어에 앉아 있는 친구, 그리고 지적 장애를 가진 친구와 삼촌이 자연스럽게 등장하는데 사회 희생자나 열등한 자로서가 아닌 하나의 인격체로 등장한다.

I have a dream

내가 타고 난 것을 가지고 차별을 받거나 부당한 대우를 받는 것처럼 기분을 상하게 하고 상처가 되는 것은 없을 것이다. 하지만 우리는 의식적으로든 무의식적으로든 사회로부터 가정으로부터 받은 가치관과 영향으로 각자의 편견을 만들어 나간다.

편견은 나를 우월하게 만들어 주는 것 같지만 나의 눈과 귀를 가려 생각의 범위를 좁히고, 곧 활동 영역 또한 작게 만들어 나에게 가장 먼저 큰 손해를 끼친다.

인종차별 없는 사회에서 살기를 바라는 간절한 마음을 담은 마틴 루터 킹의 "나에게 꿈이 있습니다"[I have a dream]라는 연설은 미국에서 아직도 최고의 연설 세 가지 중 하나로 꼽힌다. 피부색이 아닌 아이들의 인격으로 대우받는 세상에서 살기를 원한다는 이 연설은 피부색뿐만 아니라 성, 장애인, 가난 등 각종 편견에 사로 잡혀 살아가는 우리에게 오늘날에도 경각심을 일깨워 준다.

I have a dream that one day every valley shall be exalted, every hill and mountain shall be made low, the rough places will be made plain, and the crooked places will be made straight, and the glory of the Lord shall be revealed, and all flesh shall see it together

나에게는 꿈이 있습니다. 모든 골짜기가 돋우어지고, 모든 언덕과 산이 낮아지며, 고르지 않은 곳이 평탄케 되며, 휘어진 곳이 곧게 되고, 주님의 영광이 드러나고, 모든 육체가 그것을 함께 보게 될 날이 있을 것이라는 꿈입니다.

– 마틴 루터 킹의 연설문 중에서

세계화로 세상은 점점 좁아지고 있다. 우리가 세계를 내 무대로 만들려면 다양한 인종에 대한 편견을 버리고, 새로운 문화를 기존의 문화와 잘 융화시키고, 세대 간의 변화를 받아들이며, 국경을 넘어 약자를 보호하고 살아야 한다.

나는 이러한 글로벌 시대를 사는데 꼭 필요한 키워드는 '포용 (embracement)'이라고 생각한다. 그 어느 때보다 포용해야 하는 시기에 모든 종류의 차별이 우리나라에 아직 존재하고 있는 것 같아 안타깝다.

우리 모두가 무한 경쟁시대에 급변화의 물살을 파도 타기로 즐기고, 다양한 인종과 문화의 섞임을 렛잇비로 받아들이고, 아이들을 아끼고 인격적으로 대우하는 학교를 꿈꿔본다.

마틴 루터 킹 목사의 꿈처럼 모든 골짜기가 돋우어지고, 모든 언덕과 산이 낮아지며, 고르지 않은 곳이 평탄하게 되며, 휘어진 곳이 곧게 되는 것을 나도 볼 수 있기를 꿈꾼다.

한류 열풍은
진짜인가?

우리 조카 전공은 '한국어'랍니다

영어 연수를 조사하려고 해외 출장을 자주 간다. 그곳에서 외국 선생님들과 외국 아이들을 만나는데 외국 아이들은 말할 것도 없고 젊은 영국 선생님도 우리나라의 가요를 얼마나 좋아하는지 모른다. 학교에서 열어주는 디스코 파티에서는 항상 한국 음악이 나오고, 유럽의 아이들이 한국말로 가요를 따라 하고, 한국 아이들과 친구가 되고 싶어 하고, 중국 아이들은 우리나라 아이들 뒤를 졸졸 쫓아다니며 사진을 몰래 찍어 가기도 한다.

출장 중 만나는 외국 선생님과 관계자들은 내가 한국사람인 것을 알고부터는 세계적으로 불고 있는 한류 열풍 때문에 우리나라 사람들이 한국 드라마에서처럼 풍요로운 문화를 누리고 있는지, 한국의 국민들이 K팝과 영화처럼 화려하고 행복한 삶을 살고 있는지 자주 물어본다. 영국에서 만난 한 러시아 선생님은 한국을 정말 좋아하는 자기 조카가

올해 대학을 갔는데 오랜 고민 끝에 대학에서 한국어를 전공하기로 결정했다며 나에게 자랑했다.

이처럼 한류는 내 생각보다 정말 세계 많은 사람들의 삶에 영향을 끼치고 있었다. 한류 열풍 덕분에 외국에 나갔을 때 우리나라를 알아주고, 우리나라 물건이 해외에서 잘 팔리고, 외국인들이 나에게도 관심을 가져주는 것은 참 기분 좋은 일이다. 하지만 우리나라 사람들의 삶이 정말로 한류 열풍만큼 화려하고 행복한지에 대한 질문을 받으면 좀 당황스럽다.

82개국을 기준으로 조사한 행복지수에서 우리나라는 하위권인 49위를 차지했다. 한국의 출산율은 0.98로 세계 최하위다. 자살률은 OEDC 국가 중 1~2위를 다툰다. 최근 여성의 고위직 진출을 가로 막는 직장 내의 보이지 않는 장벽을 말하는 글래스 씰링 조사에서도 OECD 국가 중 우리나라가 꼴찌를 차지했다.

해외에서 만나는 대부분의 외국인은 위와 같은 극단적 문제가 없는 나라에서 온 사람들이라 우리나라가 행복지수나 출산율, 자살률에서 이처럼 나쁜 성적을 받고 있는지 잘 모른다. 그래서 눈을 초롱초롱 뜨고 우리를 부러워하며 궁금해하는 이들에게 어떻게 말해야 될지 참 난감할 때가 많다.

불행을 불러오는 지나친 비교 의식

단기간에 경제적으로 큰 성장을 이루었음에도 우리나라의 행복지수가 이렇게 낮게 나오는 이유는 집단주의(collectivism)와 물질주의(materialism)가 합세해 물질을 가지고 남과 끊임없이 비교하면서 아무리 많이 가져도 만족할 수 없는 삶을 살고 있는 데 있다고 네덜란드 사회학자인 러트 빈호벤(RuutVeenhoven)이 지적한 바 있다.

집단주의 사회는 한 개인의 만족과 꿈보다 사회와 가족이 기대하고 추구하는 것을 좇도록 한다. 여기에 물질주의까지 합쳐져 내 꿈을 추구하기보다 사회에서 가치 있게 여기는 직업을 찾고 돈도 잘 벌어야 한다. 이렇게 사회의 가치와 돈을 잘 벌 수 있는지를 기준으로 직업을 찾다 보니 자신이 무엇을 원하는지, 되고 싶은 것은 무엇인지 더 이상 자신한테 묻지 않는다.

나는 세대가 바뀌고 시간이 지나면 분명 우리나라도 물질보다 삶의 의미를 찾아가며, 점차 행복해질 거라 기대했는데 물질적으로 더 부유하게 되면서 더 큰 비교 의식을 갖게 돼 상대적 박탈감도 더 커지고 있는 것 같다. 이제는 집과 자동차뿐 아니라 직장, 문화생활, 여가생활, 그리고 교육 방법에까지 비교 의식이 더 폭넓게 적용돼 세계출산율 최하위라는 혹 하나를 더 붙이게 됐다.

물질주의가 종교가 된 나라

사람은 동물과 달리 인생을 본능적으로만 살 수 없다. 무언가에 의미를 두고 그 의미를 위해서 살아야 한다. 그래서 저마다 자신을 이끌어주는 믿음과 가치관이 있는데 역사적으로 보면 국민은 왕이 선택한 종교를 따르며 그 종교가 가르치는 것을 믿었다.

우리나라는 유교사상을 기반으로 세워진 나라다. 그래서 유교(Confucianism)를 기반으로 가치관이 형성돼 왔다. 유럽은 대부분 기독교(Christianity) 국가다. 미국도 청교도인(Puritans)들이 세워 기독교를 기반으로 한 나라이기 때문에 신을 믿지 않는 사람이 대통령이 되기는 쉽지 않다. 인도는 힌두교(Hinduism)를, 그리고 인도네시아, 말레이시아 및 중동국가는 회교(Islam)를 국가의 주요 종교로 삼고 일본은 조상을 섬기는 신도(Shinto) 그리고 태국의 주요 종교는 불교(Buddhism)다. 이처럼 다양한 종교들은 이 나라들의 정체성에 결정적인 역할을 하며 국민들을 하나로 묶어주는 역할을 하기도 한다.

이렇게 대부분의 나라들이 강한 종교색을 띠고 종교가 가르치는 사상을 기반으로 살아가고 있고, 전 국민이 그 종교를 따르지 않더라도 그 나라의 문화와 사상은 역사적으로 이어져온 종교적 가르침을 기반으로 돌아간다.

그런데 우리나라는 일제강점기와 6 · 25전쟁을 겪으며, 굶어 죽지 않기 위해 안간힘을 다해 일하며 세계에서 가장 가난한 나라의 경제를 일으켰다. 그런데 IMF로 다시 한 번 위기를 겪으며 유교가 우리를 지켜줄 수 없음을 깨달으면서 유교사상은 한국에서 그 기반이 점점 약해졌다. 특히 인터넷 산업 혁명으로 세계화가 빠르게 진행된 이후로 유교는 더욱더 구식이 되어가고 있다.

그러나 사람은 사상과 믿음 없이 인생을 살지 못한다. 반드시 어떤 철학과 믿음이 있어야 하는데 문제는 자리를 잃어가는 이 유교를 대체한 새로운 사회적 가치관이 '자본주의'로 대변되는 물질주의였고, 행동적으로는 '단체주의(collectivism)'가 대체하였다는 데 있다. 그래서 우리나라 사람들의 삶의 가치와 목표는 안타깝게도 '돈'이 되어버린 것이다.

아이들과 영어 회화 수업을 하다가 행복과 관련된 주제를 이야기하면 아이들은 '돈'에 대한 이야기를 서슴없이 한다.

풍요 속에서도 늘 나보다 더 많이 가진 자와 비교하는 우리나라 아이들은 '빈곤의 정신'을 가지고 산다. 그래서 오로지 돈을 벌어야 한다는 생각으로 머리가 가득 차 있다. 공부를 하는 이유도 돈 때문이다. 학원을 열심히 다니는 이유도 나중에 돈을 벌기 위해서이고, 좋은 대학을 가려 하는 이유도 돈 때문이다. 그리고 아이들은 돈이 자신들의 삶을 행복하게 해줄 것이라는 확신을 갖고 있다.

한 번은 세계 상위 1퍼센트 부자가 전 세계 재산의 40퍼센트를 소유하고 있지만 세계의 가난한 사람들의 절반은 전 세계 재산의 1퍼센트도 갖고 있지 않아 약도 음식도 깨끗한 물도 마실 수 없으니 부자들이 부를 나눠야 하지 않느냐는 주제로 토론을 했는데 아이들 절반이 정색을 하며 자기가 노력해서 번 돈인데 왜 내 부를 가난한 자들과 나눠야 하느냐며 따졌다. 부유한 사람들이 가난한 자들을 도와준다면 그것은 그들의 마음이지만 도와주지 않아도 사회가 그것을 나쁘게 봐서는 안 되며 사회가 관여할 일도 아니라고 했다.

물론 중학교 학생밖에 되지 않은 어린 아이라서 폭넓게 사고할 수 없다 할지라도 꽤나 많은 아이들이 이러한 주장을 펼친 것이 난 못마땅하다. 아직 어리기 때문에 더 순수해야 하는데 지나친 경쟁 속에서 마음이 너무 메말라 버린 한국의 아이들을 보면 어른들이 아이들의 순수한 마음을 지켜주지 못한 듯해 애통하다.

눈치의 반대말 리쏘스풀(resourceful)

성인들과 프리토킹 수업을 하다 보면 서로 눈치를 볼 뿐만 아니라 '눈치'를 보는 삶을 얘기하면서 '눈치'라는 단어가 무엇인지 자주 물어본다. 앞서 말했듯이 영어 단어에는 한국인 정서에서 사용하는 '눈치'라는 단어가 없다. '눈치'를 보는 정서는 우리나라에만 있는 특이한 정서다. 해외캠프에 우리나라 아이들을 데리고 가면 아이들조차 어디서 눈치 보는 법을 배웠는지 '눈치' 보기 바쁘다. 세계의 다양한 아이들이 앞으로 나와 자유롭게 자신의 장기를 뽐내는 달란트쇼(장기자랑)에서도 눈치 보느라 우리나라 아이들만 이 행사에서 늘 관람자로 남아 있다.

영어 단어 중에서 좋아하는 단어가 몇 개 있는데 그중 하나가 리소스풀(resourceful)이라는 단어이다. 옥스포드 사전에서 이 단어의 뜻을 찾아보면 "어떤 것을 하는데 방법을 잘 찾고, 문제를 해결하는 데 능한"[good at finding ways of doing things and solving problems, etc.]이라고 나와 있다. 내가 사람들에게 영어를 가르치는 최종적인 목적도 눈치 보지 않고, 리소스풀 한 삶을 살아가는 데 보탬이 되는 것이다.

특정 집단이 요구하는 삶이 아니라 각 개인이 각자의 삶에서 의미와 가치를 찾아야만 행복한 삶을 누릴 수 있다. 의미 있는 삶에는 철학이 있어야 하고, 인문학이 있어야 한다. 그러나 우리나라 아이들은 한참 감수성을 바탕으로 많은 생각을 하면서 교육받아야 하는 나이에 숫자로 머리를 채우고 있다. 수백 개의 문제를 숙제로 내주는 수학학원을 다니고, 수백 개의 단어를 외워야 하는 영어 학원을 다니며, 점수와 등급 같은 숫자가 난무한다. 아이들의 정서와 사고는 없고, 오로지 입시 준비로 숫자만 가득하다.

아이들에게 중고등학교 때 읽으면 좋은 한국 책을 권하고 싶어 찾아

보았다. 하지만 놀랍게도 우리나라에는 중고등학교 아이들이 편하게 읽을 만한 소설 종류가 턱없이 부족했다. 아이들 손에는 오로지 문제집만 들려 있을 뿐이었다. 이러한 환경에서 우리나라 아이는 자신들의 삶에 어떤 가치관을 채우고 있을까?

한류열풍은 진짜인가?

우리는 무엇 때문에
그토록 영어를
공부하는가?

가짜
영어 교육

몇 가지 단어로 영어를 잘할 수 있을까?

한 언어를 배우고 능통해지는 데까지 필요한 시간이 있다. 영어에 능통해지려면 많은 시간 동안 영어에 노출돼야 하는 게 맞지만 어떻게 효율적으로 사용하느냐에 따라 이 시간이 줄어들 수도 있고, 늘어날 수도 있다.

한국 사람들은 회화 수업을 가장 좋아한다. 말을 하는 수업이다. 요즘 유튜브에서 홍보하는 영어 교육 과정 대부분이 어려운 영어 단어는 공부할 필요 없다고 사람들을 현혹한다. 사람들과 회화를 잘하는 데는 쉬운 단어로도 충분하다는 것이다. 그리고 쉬운 단어를 이용한 패턴화된 표현을 가르쳐 준다. 서점에 나가 봐도 영어 회화를 위한 영어 표현과 패턴식 영어가 얼마나 많은 인기를 끌고 있는지 알 수 있다.

자녀의 영어 교육 상담을 해봐도 문법보다 말하는 수업을 해달라고 요청한다. 주어진 시간 안에 영어로 말하는 기회가 충분히 확보될 수 있도록 한 반에 사람 수를 줄여 회화 수업을 하기를 원한다.

그러나 영어를 배우는 데에서 매우 큰 한 가지를 놓치고 있다. 말만 해서 영어 실력을 키울 수 있다면 얼마나 좋을까. 말을 잘하려면 반드시 깊은 사고력과 인지능력이 뒷받침해 줘야 한다.

영어에 대한 근거 없는 믿음 1번째: 주로 쓰는 영어 표현의 패턴을 외워 회화를 잡아라

기업에서 직원들을 대상으로 영어 수업을 해달라는 요청을 받고 레벨을 확인하기 위해 방문하면 영어 수업에 대해 다양하게 요구한다. 가장 많이 받는 요청이 '기초회화 수업'이다. 그리고 매일 표현 한 가지씩을 알려주고 외울 수 있게 해달라는 것이다. '우리나라 사람들은 외우는 것을 정말 좋아하는구나'를 또 한 번 느낀다. 모든 배움을 무조건 외우는 것으로 끝내려 한다.

어쨌든, 회화가 패턴화돼 있어 패턴만 외우면 영어를 할 수 있게 된다면 얼마나 좋을까. 패턴화돼 있는 영어는 여행 갔을 때 내가 필요한 말만 일방적으로 간단하게 사용하는 정도의 수준이다. 물론 이것도 한계가 있다. 한 예로 상대방의 말은 어떻게 알아 듣겠는가? 내가 할 말만 외웠으니 상대방이 나에게 하는 말은 누구처럼 스마트폰 통역기를 가져다 대야 하는가?

제품을 설명하고, 계약을 협상하고, 미팅을 이끌고, 거래처 사람들과 교제도 해야 하는데 회화 패턴만 외워서 어떻게 의견과 생각을 주고받을 것인가? 게다가 한 사람씩 돌아가며 패턴화된 회화를 해서 어느 세월에 영어 습득에 필요한 노출 시간을 효율적으로 채울 수 있겠는가?

말하는 것은 아이디어이고 창작이며 관계다. 내 아이디어를 말로 창작하려면 내 안에 관련 단어와 배경지식과 문법이 있어야 하며 무엇보다 생각에 이끌러 문장이 만들어져야 한다. 패턴을 외워 말한다는 것은 생각을 거쳐 말하는 것이 아니라 할 줄 아는 말만 하는 것이니 더 이상 발전이 없는 막다른 길을 걷는 것과 같다.

급할수록 천천히 가라고 했다. 내가 외운 문장만 말하고 상대방의 말을 못 알아듣는 웃지 못할 일이 생기지 않게 진짜 말을 잘하고 싶다면 우선 영어에 투자할 시간을 확보해라. 그리고 리딩을 통해 충분한 배경지식과 어휘. 문화 등을 섭렵해라. 문법도 빠져서는 안 된다. 패턴을 암기하는 것은 앵무새가 말을 따라 하는 방식이다. 그리고 패턴화된 영어는 며칠 이내로 기억에서 사라진다. 우리 뇌의 장기기억 장치가 아닌 단기기억 장치에 들어가기 때문이다. 차곡차곡 집을 짓는 영어를 시작하자.

영어에 대한 근거 없는 믿음 2번째: 리딩은 시험 준비만을 위한 거야

우리나라 사람들은 성인이 돼서 영어 교육을 받는다고 하면 무조건 회화만 하려 한다. 하지만 회화 수업은 돌아가며 말할 수 있는 시간이 매우 제한되어 있고, 말하는 중에 첨삭까지 들어가면 공부하는 시간의 효율성이 상당히 떨어진다. 그뿐만 아니라 아는 단어만 사용하게 되므로 새로운 단어의 확장성 면에서 효과적이지 않다. 결론적으로 영어를 종합적으로 이해하게 하는 가장 효과적인 영어 교육은 리딩이다.

그런데 많은 사람들이 말할 기회가 없어서 회화가 약하다고 생각하고 리딩은 시험 준비용으로 여긴다. 하지만, 종합적인 이해를 바탕으로 교육하는 리딩 컴프리헨션(Reading Comprehension)으로 영어 교육을 받으면 옳은 문장을 계속 접하게 되니 영어 문장력이 생기게 되고 그것을 소리 내 읽으면서 발음, 어휘, 문법, 그리고 문화에 대한 것까지 자연스럽게 습득하게 된다. 그래서 리딩은 기초 영어를 배우는 사람에게 가장 효과적인 영어 학습법이다. 읽은 내용을 영어로 질문하고 답하는 연습까지 함으로써 사고력과 인지력까지 키울 수 있는, 매우 파워풀한 영어 교육 방법이 될 수 있다.

리딩은 영어 시험을 위한 독해 준비를 하는 것이 아니라 말해야 할 때 언제든지 꺼내 쓸 수 있는 원천을 머릿속에 저장해 놓는 작업을 하는 것이다.

나는 많은 한국사람들에게 영어를 가르치면서 한국사람들이 영어문법에 대한 거부반응이 있다는 것을 알게 되었다. 그리고 오히려 문법 공부를 하면 회화에 방해가 된다고 생각하는 사람도 상당하다는 것을 알았다. 물론 우리나라 중학교의 시험문제는 90퍼센트 이상이 문법 중심인데 문법을 응용하고, 사용할 수 있도록 가르치는 것이 아니라 소개 정도에서 문법 교육이 끝나고 시험 문제에 틀린 문법 찾기 등이 나오기 때문에 크게 회화에 도움이 되지 않는다.

그러나 문법에 맞게 영어를 하려다가 영어 회화를 못하게 된다는 생각은 잘못된 판단이다. 오히려 문법을 이해하지 못하고 마구잡이로 던지는 회화는 남이 알아듣지도 못하고, 못 배운 사람처럼 보이게 한다. 영문법은 한국말처럼 어순이 바뀌어도, 품사를 잘못 사용해도 의미가 전달되는 구조가 아니다. 문법에 맞추지 않으면 그 뜻을 절대 전달할 수 없다. 영어로 내 의사를 제대로 전달하고 싶다면 반드시 영어 문법에 맞게 구사할 수 있어야 한다.

아이들 영어 교육 상담을 하다 보면 문법을 꼭 해야 하느냐는 질문을 참 많이 받는다. 우리나라 사람들이 문법을 배우지 않고 한국말을 하는 것처럼 영어도 그렇게 할 수 있지 않느냐는 것이다. 물론 맞는 말이다. 우리가 문법을 배우지 않고 한국말을 잘하는 이유는 어렸을 때부터 우뇌와 좌뇌를 다 사용하여 한국어를 배우기 때문이다. 다시 말해 내 머릿속에 언어가 없을 때 정황을 가지고 언어를 배우기 때문이고, 엄청난 시간 동안 한국어에 노출되었기 때문에 가능하다. 영어도 마찬가지다. 문법에 대한 지식 없이도 알맞은 영어를 구사하고 싶다면 엄청난 시간을 집중적으로 영어에 투자하면 된다. 그러나 우리나라 환경에서 영어학교를 다니지 않은 이상 이것은 사실상 불가능하다.

그리고 영문법은 세계에서 세 번째로 복잡한 구조를 가지고 있다. 시제도 한국어 시제보다 더 많은 시간적 개념을 포함하고 있다. 회화에서 가장 많이 나오는 문법이 시제다. 그래서 회화를 잘하려면 시제를 중심으로 문법을 알고 있어야 한다.

영어 회화를 잘하고 싶다면 영문법 전체를 처음부터 끝까지 한 번 훑어야 한다. 여기서 반드시 시험 중심이 아닌 영작 중심의 원서 교재를 선택하라고 권한다. 100퍼센트 개념 중심으로 문법을 공부하면 고급스러운 회화와 영작을 하게 될 것이다.

영어 울렁증을 생기게 하는 방법 3가지

첫째, 일찍 문법을 가르쳐라

영어의 문법은 수학처럼 정답이 있다. 수학적 두뇌는 나이가 들수록 발달하기 때문에 어렸을 때 수학을 잘하지 못해도 나중에 수학을 잘할 수 있게 될 가능성이 있다. 언어는 한 살이라도 어릴 때 시작해야 유리하다. 그러나 문법은 다르다. 영문법은 수학과 같은 것이기 때문에 반드시 하긴 해야 하나 영어에 친숙해지고 약 3~4년 후에 하는 것이 좋다. 초등학교 5학년 이후가 적합하고, 6학년부터 시작해도 늦지 않다. 너무 일찍 문법을 공부하게 될 경우 무슨 말인지 이해하지 못해 많은 아이들에게 영어 울렁증이 생길 것이다.

둘째, 단어를 달달달 암기시켜라

영어 단어는 스펠링대로 소리가 나지도 않으며, 우리나라 말에 없는 액센트도 있고, 없는 발음도 있다. 단어 뜻도 매우 함축적이어서 처음에는 잘 외워지지 않는다. 그래서 영어가 친숙해질 때까지는 영어 단어를 억지로 외우게 하지 말고, 최대한 많은 단어를 정황(문장)과 함께 접하도록 해 우선 소리에 친숙해지는 시간을 갖는 것이 좋다. 가끔 어린 아이들에게 영어를 가르치다 보면 영어를 배운 지 얼마 지나지 않은 아이에게 배운 단어 뜻을 물어보며 확인하는 부모들을 목격한다. 아직 영어에 친숙하지 않은 아이에게 그렇게 단어 뜻을 물어보고 뜻을 대답하지 못하면 아이가 놀고 있다고 생각한다. 절대 그렇지 않다. 아직 영어에 친숙해지지도 않은 상태에서 단어를 외우려 하면 기억나지도 않을 뿐더러 매우 고통스럽기까지 하다. 영어 단어를 많이 알고 싶으면 처음에는 최소 1~2년간 영어를 소리 내 읽고, 들으면서 친숙해질 만한 시간을 갖도록 해라. 친숙한 상태가 되면 영어 단어가 쉽게 외워지기 시작한다.

셋째, 한국말을 못 하게 해라

아무리 영어 학원이라 할지라도 한국어를 사용하는 가정에서 자라고, 한국 학교를 다니는 아이들에게 한국말을 무조건 사용하지 못하게 하고, 오로지 영어로만 소통하게 하는 것은 동기로서 절대적으로 부족하다. 영어 학원을 다니면서 한국말을 하는 것을 많은 부모님들이 탐탁지 않게 생각하는 경우가 많지만 원어민 수업에 갑자기 들어가 한국말을 못해 벙어리처럼 앉아 있다가 트라우마를 겪는 아이들을 많이 만나보았다. 억지스러운 분위기와 교육환경은 어린 아이들의 정서를 다치게 할 수 있다. 그렇게까지 해야 영어가 느는 것은 아니다. 한국말을 사용하지 않고, 오로지 영어만 사용하게 하려면 그것에 맞는 충분한 동기가 있어야 한다. 영어도 좋지만 아이들의 정서보다 더 중요하지는 않기 때문이다.

라이팅 없는 영어 교육,
앙꼬 없는 찐빵

감각영어 vs. 인지영어

언어에는 '감각언어'와 '인지언어'의 영역이 있다. 우리가 제2외국어로 영어를 왜 배우는지 한번 정리해 보자. 영어 한마디 사용하지 않는 회사에서 영어로 진급시험을 보고, 예체능으로 대학을 보내는 예고에서 영어로 인터뷰하고, 요리학과에서 모든 수업을 영어로 진행한다. 영어와 전혀 관련 없어 보이는 곳에서 왜 영어 시험을 보고 영어를 사용하려 하는 것일까? 이것은 언어가 사람의 인지능력과 연관성이 있다는 것을 알기 때문이다. 영어를 단순히 말하기 위한 수단으로만 사용하는 것이 아니라 영어로 된 자료를 읽고, 그것들을 내 지식으로 만들어 깊은 사고력을 갖추도록 하기 위함이다.

결국 영어시험을 통해 한 사람의 사고력과 이를 통한 성장 가능성을 평가할 수 있다는 의미다. 이것이 바로 인지언어다. 인지언어는 내 사고력과 연관된 언어로서 생각을 논리적으로 표현하는 분야의 언어다.

인지언어는 보통 초등학교 5~6학년부터 시작된다.

감각언어는 여행할 때 정도만 사용하는 언어다. 길을 물어보고, 물건 값을 흥정하고, 식당에서 음식 주문을 하고, 배고프다고 말하는 언어를 감각언어라고 한다. 감각언어는 표현이 단순하고, 어렵지 않아 6개월 정도만 학습하면 어느 정도 할 수 있다. 그리고 사용하지 않으면 또 쉽게 잊어버린다.

인지언어는 내 생각을 표현하는 영어이고 남의 생각을 이해하고 읽어내는 영어이며 나의 사고력과 인지 능력을 키워주는 영역이므로 우리의 영어 교육의 최종 목적지는 당연히 감각언어가 아닌 인지 영어가 되어야 한다.

따라서 실제로 당장 영어를 사용할 일이 없다 할지라도 인지 영어를 사용할 줄 아는 사람들은 세상과 언제든지 소통할 수 있고, 앞으로 다양하고 많은 정보를 활용할 수 있는 능력을 갖추고 있다는 뜻이며, 그래서 또한 많은 발전 가능성과 넓은 지평을 갖고 있다는 것을 말한다. 인지언어 중심의 영어 공부를 하면 자연스럽게 감각언어를 할 수 있게 되나 감각언어 중심으로 영어를 공부하면 인지 영어는 따로 공부해야 한다.

초등학교 3~4학년까지는 추상적인 개념을 이해하지 못하고 아직 논리력이 없기 때문에 감각언어로 영어 교육을 해도 큰 무리가 없다. 그러나 인지언어 수준으로 넘어가기 시작하면 영어 단어가 매우 함축적이고 복합적이 되기 때문에 습득하는 데 많은 시간이 걸리므로 너무 늦지 않게 인지언어 형태로 영어 공부를 시작할 필요가 있다.

우리나라에서는 감각 영어를 사용할 일이 거의 없다. 그래서 영어를 공부할 때는 당장 몇 마디 하는 것에 너무 큰 의미를 두지 말고 어릴 때부터 광범위하게 공부해서 나무가 크고 굵게 자랄 수 있도록 하는 것이 바람직하다. 다시 말해 영어의 확장성을 고려해 감각 영어에서 인지 영어로 옮겨갈 수 있도록 개념 중심의 영어 교육을 만 12세 전후부터는 시작하는 것이 좋다.

사교육으로 배우는 영어

동네 상가를 돌아보면 상가마다 영어 학원 하나씩은 꼭 있다. 한 상가에 영어 학원이 두세 군데 있는 곳도 있다. 작은 시골 마을을 가도 영어 학원이 눈에 뜨일 정도로 영어 교육의 열기는 식지 않고 있다.

언어는 어릴 때부터 하는 게 맞기는 하지만 우리나라에서는 영어 교육을 사교육으로 해결해야 하는 실정이다 보니 영어 학원을 초등학교 1학년 때부터 다니는 아이가 있는가 하면 중학교까지 아예 안 다니는 아이도 있다. 초등학교 때 영어 학원을 다니지 않고 중학교에 올라가는 아이들은 영어 수업을 따라가기가 쉽지 않다. 사실 중학교에서 영어 학원을 다니지 않는 아이들을 기준으로 자세히 가르쳐야 할 텐데 현실은 그렇지 않다. 중학교에서는 요즘 아이들이 다 영어 학원을 다니고 나서 입학한다고 여기고 영어를 가르치기 때문에 영어 학원을 다니지 않은 아이들은 영어에 재미를 붙이기가 쉽지 않다. 중학교 영어 교육은 학생들을 가르치기보다 그저 학생들을 평가하는 것으로 그 역할을 다한다.

영어는 수학과 달리 문제를 푸는 방식으로 가르칠 수 없다. 아니 그렇게 해서도 안 된다. 수학은 관련된 전공을 선택하지 않는 이상 대학 입학할 때까지만 공부하면 되겠지만 영어는 대학교에 입학하고 나서 영어로 진행하는 수업을 들어야 하고, 해외 교환학생 프로그램을 참여하려 해도 영어로 테스트를 받아야 하고, 편입이나 대학원 시험 그리고 취업하려 해도 영어 소통 능력은 필수다. 그래서 초등학교와 중학교 그리고 고등학교까지 쌓은 영어 실력의 진가는 고등학교를 졸업한 이후에야 나타나기 시작한다.

영어의 중요성을 아는 대다수의 어머니들은 아이들의 영어 교육을 위해 일찍부터 영어 학원을 찾는다. 영어의 영역이 워낙 광범위해서 영어 학원의 유형도 다양하다. 그래서 학부모마다 추구하는 영어 학원의 형태도 가지각색이다. 그리고 자녀의 성향도 무시할 수 없다. 학원이 멀어도 되는 아이들, 학원이 무조건 가까워야 하는 아이들, 반드시 친구가 있어야 하는 아이들, 소규모로만 공부하고 싶어 하는 아이들 등등. 아이들의 성향 때문에 학원을 서너 번씩 바꾸는 경우도 적지 않다. 언어는 관계이고, 소통 능력이고, 인지 능력이기 때문에 많은 심리적 요소들이 작용하는 것도 사실이다. 그래서 한 학원을 꾸준히 못 다니고 여러 번 바꾸는 것도 이해가 가는 부분이기도 하다. 하지만 바람직한 현상은 아니다.

세 가지 대표적 유형의 영어 학원

어머니들이 선호하는 영어 교육 형태는 크게 세 가지 유형으로 나뉜다.

원어민 영어 교육을 고집하는 유형

첫 번째 유형은 원어민이 수업을 하는 학원이나 교육을 고집하는 유형이다. 이 분들은 영어 수업은 무조건 원어민을 통해야 한다고 믿는다. 기성 세대가 영어를 못하는 이유가 원어민 수업을 받지 못했기 때문이고, 원어민과 계속 접해야 외국인을 두려워하지 않게 된다는 사고가 깔려 있다. 무조건 원어민과 영어로만 얘기해야 영어에 능통해질 수 있다는 생각이 강하다. 그래서 이 분들에게는 원어민 수업이 최고다.

스파르타식 영어 교육을 찾는 유형

두 번째 유형은 스파르타식의 영어 교육을 원하시는 분들이다. 이분들은 무조건 양이다. 원어민도 필요 없고, 회화 수업도 그렇게 중요하지 않다. 감당할 수 없는 양의 영어 숙제를 학원에서 줘야 하고, 아이들이 매일 수백 개의 단어를 외우고 수천 개의 문제를 풀며 학원 다니는 것을 힘들어해야 그 학원이 좋은 학원이라고 생각한다. 이 분들에게는 영어 교육이 입시에만 맞춰져 있다. 그래서 자신의 아이가 숙제를 안 해 가면 남겨서라도 숙제를 하고 가도록 만들기를 원한다. 아이들이 힘들어 하는 모습이 곧 부모의 안식이자 평안이다.

재미 중심의 영어 교육을 찾는 유형

세 번째 유형은 재미 중심의 영어 교육을 원하시는 분들이다. 어린 자녀를 둔 부모를 상담하다가 가장 많이 듣는 말은 바로 "재미 있게 영어 공부를 했으면 좋겠어요"다. 보통 나이가 아직 좀 어리고, 오래 영어를 배워야 하기 때문에 처음부터 질리지 않게 해달라는 것이다. 또는 아이가 영어에 거부반응이 있거나 아이가 영어를 싫어하게 될까 봐 두려워하는 분들이 많이 선택하는 유형이다. 무조건 재미있어야 한다. 영어가 늘든 안 늘든 그건 두 번째 문제다.

무조건 아이를 웃겨줘라. 그래서 영어를 좋아하게 만들어라. "미션 컴플리트!"

모든 영어 교육의 유형에는 장단점이 있다. 따라서 우리가 아이들에게 왜 영어를 가르치려 하는지를 인지하고 영어 교육 유형별로 부족한 부분을 채워나가야 할 것이다.

원어민 영어 교육의 장단점

원어민 수업으로만 이루어진 영어 수업은 한국어에 의존하지 않고, 시행착오를 통해 정황으로 영어를 배우는 방법이다. 최대한 많은 시행착오를 겪어야 하므로 많은 시간을 집중적으로 투자할 때 효과적이다. 조금씩 장기적으로 하는 원어민 영어 수업을 받으면 영어 감각은 늘지 모르나 질문을 자유롭게 하지 못할 수 있다는 단점과 영문법에 대한 이해를 시행착오로 습득하기에 시간이 충분하지 않을 수 있다는 단점이 있어 문법에 맞지 않은 영어를 사용하게 될 확률이 높다. 따라서, 반드시 라이팅 수업을 통한 첨삭 지도를 해야 한다. 원어민 수업을 받을 때 한 가지 더 주의할 것이 있다. 한국 사람이 한국어와 영어 두 언어를 능통하게 사용하는 바이링구얼(bilingual)이 되려면 반드시 영어를 한국말로도 알아야 한다는 것이다. 영어만 사용하면서 살면 큰 문제가 없지만 한국에서 살려면 한국어를 영어와 병행해야 하는데 영어를 영어로만 배우면 영어와 한국어 간의 연결 고리가 없어 나중에 다시 영어 단어의 개념을 되짚어야 한다. 그래야 감각언어에서 인지언어로 넘어갈 때 의미를 파악하면서 오는 혼돈을 줄일 수 있고 사고력을 향상시키는 데도 효과적이다.

스파르타식 영어 교육의 장단점

스파르타식 영어 교육은 잘 따라오는 순종형 아이에게는 효과적일지 몰라도 모든 아이가 순종적이지는 않기 때문에 영어를 질리게 만들 수 있다. 영어는 암기 과목이 아니다. 단어를 무조건 암기한다고 문장 해석이 되는 것도 아니다. 특히 깊은 사고력을 요구하는 시대의 시험제도 하에서는 암기 중심의 공부가 바람직하지 않다. 단어보다 문장 안에서 전체적인 내용을 파악하면서 단어가 의미하는 바를 숙지해 나가야 오래 가고 사고력 향상에도 도움이 된다.

재미 중심의 영어 교육의 장단점

활동이나 노래로 재미를 주는 영어 교육은 영어 감각을 키우는 데 효과적이다. 특히 아직 한국말이 익숙하지 않은 어린 아이에게 영어 감각을 자연스럽게 키워주고 영어에 흥미를 갖게 한다는 큰 장점이 있다. 그러나 감각 영어를 너무 오랫동안 할 경우 인지언어에서 요구하는 폭넓은 어휘력과 개념을 놓치게 될 수 있으니, 너무 오랫동안 감각언어 교육을 하는 것은 바람직하지 않다.

한국인들의 로망, 영어 스피킹

우리나라 사람들은 영어로 유창하게 말하기를 원한다. 그래서 말하는 수업이 인기다.

말을 하려면 먼저 생각이 있어야 하고 영어로 말하려면 영어로 생각해야 한다. 늘 한국어로 생각하던 사람이 갑자기 영어로 생각해 말로 표현한다는 것은 하루 아침에 가능한 일이 아니다. 영어로 생각하려면 내 머릿속에 풍부한 영어 어휘가 있어야 한다. 그리고 이 어휘가 서로 문장으로 이어져 유창하게 말로 표현되려면 많은 훈련이 필요한데 깊은 사고력과 문장력을 갖출 수 있도록 해주는 것이 바로 '라이팅'이다.

교육학에 스카폴딩(scaffolding)이라는 개념이 있다. 이 용어는 건물을 짓기 전에 우선 지지대를 세워 건물이 올라갈 수 있도록 하고, 건물이 다 지어지면 지지대를 제거한다는 뜻으로 교육에서 사용한다. 영어 공부를 하는 우리의 최종 목적지가 유창한 스피킹이라면 바로 라이팅이 스피킹의 스카폴딩 역할을 해줄 수 있다.

한 가지 꼭 짚고 넘어가야 하는 부분은 스피킹이라는 것은 생각 없이는 할 수 없다는 것이다. 말을 하려면 내 생각이 정리돼야 하고 그것을 적절한 어휘를 갖춰 문법과 함께 말해야 하는데 남 앞에서 갑자기 말해야 할 경우 생각이 잘 정리되지 않을 수도 있고, 가르치는 입장에서도 스피킹만으로는 첨삭 지도를 하기 어려우며, 시간적, 환경적 제약이 있어 회화 수업 시간에만 첨삭을 한다면 시간을 효율적으로 사용하기 어렵다. 반면, 라이팅은 어떤 분야에 대한 깊은 사고력을 키울 수 있을 뿐 아니라 영어로 생각하는 능력을 키워주며, 직접 영어로 작성해 보면 어법을 지키는 연습도 된다. 선생님의 입장에서도 자세한 첨삭이 가능해 효율적인 스피킹 훈련이 될 수 있다.

실제로 성인 영어 수업에서 가벼운 주제를 가지고 얘기해 보았는데 생각이 없어서 말을 못 하는 경우가 굉장히 많았다. 특히 우리나라 교육 특성상 자신의 생각을 자유롭게 말할 수 있는 분위기가 아니어서 한국말로도 표현하는 것이 쉽지 않다.

영어권에서는 자신의 생각을 말하는 것과 상대방을 설득하는 교육을 매우 중요하게 생각한다. 하버드 대학에서는 입학생 전원에게 모두 라이팅 수업을 받도록 한다고 한다. 라이팅이 사고력을 키워줄 뿐만 아니라 상대방을 설득하고 내 의견을 논리적으로 주장할 수 있는 필수 요소라는 것을 매우 잘 알기 때문이다. 하물며 우리나라 언어도 아닌 영어를 배우는데, 라이팅 교육을 하지 않는다면 영어로 생각하는 힘을 키우는 기반이 약해져 영어를 발전시키는 데에서 큰 한계를 접하게 될 것이다. 따라서 영어로 생각하는 힘을 우선 키우는 라이팅은 영어 스피킹에서 없어서는 안 되는 필수 과정이다.

그러나 한국 학교의 영어 교육에는 불행히도 라이팅이 없다. 라이팅이 없는 영어 교육은 앙꼬 없는 찐빵과 다름이 없다. 원어민 중심의 영어 수업이든, 스파르타식 영어 학원이든, 재미를 중심으로 하는 영어 학원이든, 영어 교육을 평정할 수 있는 영어 교육 프로그램은 바로 창의적 '라이팅' 교육이다.

미국 영어 vs. 영국 영어

"미국 영어를 사용하면 게으르다는 뜻이야"

우리나라 초중고 아이들을 연수차 영국에 데려가면 현지 영국 선생님들이 나에게 꼭 물어보는 말이 있다.

"한국아이들은 왜 미국식으로 영어를 하려고 하니?"
"너네 나라가 미국의 지배를 받았던가?"

특별히 미국의 지배를 받은 나라가 아니고는 대부분의 나라에서는 영어 종주국인 영국의 영어를 기본으로 배운다. 하지만 우리나라는 학교와 학원에서 대부분 미국식 교재로 영어를 가르치다 보니 자연스럽게 미국식 영어를 따라 하고 있다.

colour를 color로, favourite을 favorite으로, grey를 gray로, programme을 program으로, math를 maths로 등등. 미국 발음과 영국 발음 사이의 가

장 큰 차이점은 't' 발음을 't'로 하지 않고, 'l'로 발음하는 것이다.

우리나라 아이들이 하는 영어 중 미국식 영어 발음을 쉽게 발견할 수 있는 단어가 워터(water)인데 water를 "워터"라고 발음하지 않고 미국 식으로 "워러"라고 발음한다. 또 한 가지 두드러지는 차이는 바로 can't의 발음 방식인데 영국인은 can't를 "컨트"라고 발음하고 미국인은 "캔트"라고 발음한다. 영국식 영어가 익숙한 나는 한국 고등학교를 다니면서 can't를 "컨트"라고 읽어 영어 선생님한테 혼났던 기억이 있다.

내가 어렸을 때 다니던 영국 학교에서 영국인 영어 선생님은 할리우드 영화의 영향으로 같은 반 유럽 친구들이 미국식으로 발음하는 것을 듣고 이렇게 말씀하셨다.

"미국 영어는 게으른 사람들이 하는 거야. 't' 발음을 제대로 안 하는 건 게으르다는 것을 보여주는 거라고".

난 영국계 학교에서 영어를 접했기 때문에 영국 영어에 익숙해 있었다. 당시 선생님의 말씀을 듣고 실제 't' 발음을 't'로 발음하지 않고 'l'로 발음해 보았더니 미국 발음이 더 편하긴 했다. 그래도 영어 종주국인 영국 출신으로서 정통 영어를 사용하시는 영어 선생님 입장에서는 자기 학생들이 편한 대로 영어를 사용하는 것이 거슬릴 수 있을 것이라는 생각이 들어 선생님 앞에서는 또박또박 t 발음을 하며 영국 영어로 이야기했다.

언어는 관계다

한국에 와보니 영국 영어는 들어볼 수 없었다. 영어 스펠링부터 다 미국식이었으며, 학교나 학원이나 모두 미국식 영어로 교육했다. 그러다 보니 나도 어쩔 수 없이 미국 영어를 베이스로 교육해야 했다. 미국 영어와 영국 영어 간에 엄청난 차이가 있는 것도 아니지만 표준 영어가 영국 영어인 것은 분명하다. 미국 영어도 인정하지만 UN이나 국제기구에서 작성해 놓은 영어 문서는 모두 영국식 표기법을 따른다. 그래서 난 늘 아이들에게 미국 영어뿐 아니라 영국 영어의 개념도 알려준다. 그런데 최근 들어 영국 영어의 지문과 영국 영어식으로 발음하는 리스닝 자료로 시험을 보는 우리나라의 고등학교가 있다는 것을 알았다. 어쩔 수 없이 우리나라도 다양해진 영어에 대해 인지하기 시작한 듯하다.

언어는 관계 속에서 이루어지는 것이다. 그래서 언어는 남을 배려할 수 있어야 한다고 생각한다. 내가 경상도에서 자라지도 않았는데 굳이 경상도 사투리를 사용하며 한국 말을 할 필요가 없듯이 내가 미국에서 오래 살지도 않았는데 애써 미국식으로 발음하며 영어를 할 필요는 없다. 그러니 상대와 얘기할 때 모든 발음을 또박또박 해주는 영국식 영어를 사용하는 것도 배려라면 배려일 수 있다. 친구와 편하게 얘기할 때는 그냥 '게으름을 보이며' 미국식으로 얘기하는 것도 나쁘지 않을 것 같지만 말이다.

영어에 대한 짧은 조언

나는 영국에서 어린 한국 아이들을 가르치는 영국인 선생님을 만나면 우리나라가 미국식 영어를 하게 된 배경을 자주 설명해 준다. 미국 영어를 쓰든 영국 영어를 쓰든 그리 큰 차이는 없다. 이제 영어는 국제 언어이기 때문에 특별히 어떤 나라의 언어가 더 좋거나 나쁘거나 하는 것은 없다. 그러나 영어를 가르치는 선생의 입장에서는 미국식 발음도 제대로 안 하고 영국식 발음도 제대로 안 하는 한국 아이들의 영어를 듣고 있자면 어떤 기준으로 가르쳐야 하나 하는 고민을 한다. 영국에서 만난 선생님은 내 얘기를 듣고 미국식이든 영국식이든 한 가지만 사용하면 좋을 것 같다고 조언했다.

두 번째 언어로 영어를 배우는 우리나라 사람은 미국 사람이나 영국 사람처럼 영어를 할 수도 없고, 할 필요도 없다. 거기서 배우고 자란 게 아니니 당연하다. 하지만 국제사회에서는 영국 영어가 기본이기 때문에 영국 영어 스펠링 표기법 정도는 알고 있어야 한다고 생각한다. 미국을 제외한 나라들은 모두 영국식 영어로 표기하기 때문이고, 실제 영국이 영어 종주국이기 때문이다.

한 번은 내가 기업 강의에서 영국 매거진 〈가디언(guardian)〉의 기사 글을 함께 읽는 수업을 했는데 미국과 다른 영국식 철자가 나오자 영어를 꽤 오래 공부한 분도 당황해하며 왜 여기에 불어가 들어가 있느냐고 물었던 적이 있다. 웃어야 될지 울어야 될지 난감했던 이 상황이 미국 영어에만 집착하는 우리나라의 현실이 아닐까?

비극으로 끝나는
영어 공부 방법

비극1. 영어시험 문제집으로 영어 공부하기

시험 문제집으로 영어를 공부하는 것은 정말 어리석은 짓이다. 특히 기초가 부족하다면 더욱더 문제집으로 공부하면 안 된다.

예를 들어 토익 문제집으로 영어 공부를 하면 영어 실력도 늘고, 토익 시험도 잘 볼 것 같은 착각에 빠지지만 절대 그런 일은 일어나지 않는다. 영어 실력은 점진적으로 늘지 않고 계단식으로 늘기 때문이다. 문법을 전체적으로 한 번 훑었을 때 한 계단, 어휘가 어느 정도 쌓였을 때 한 계단, 발음과 리스닝이 어느 정도 늘었을 때 또 한 계단, 문장력이 생겼을 때 또 한 계단, 이런 식으로 영어 실력이 향상된다.

종합적인 영어 실력을 키우려면 광범위하게 공부해야 한다. 광범위하게 공부할 수 있는 가장 좋은 방법은 문학, 시사, 역사 등 분야를 가리지 않고 닥치는 대로 읽는 것이다.

토플 시험 문제집으로 유명한 미국의 바론스(Barron's) 토플 시험 문제집을 보면 토플 시험을 준비하는 방법이 제시돼 있는데 "높은 토플 점수를 받으려면 이 문제집을 많이 푸시오"라고 되어 있지 않다. 책, 신문, 매거진 등 최대한 다양하고 많은 종류의 글을 읽으라고 되어 있다.

토익, 토플 등 문제집은 시험 전에 시험 유형에 친숙해지려고 참고하는 것이다. 마음을 조급하게 갖지 말고, 한 계단씩 한 계단씩 올라가는 것이 영어 실력도 키우고, 영어 시험도 잘 보는 방법이다.

비극2. 리스닝 실력을 키우기 위해 리스닝 연습하기

영어를 잘 들으려고 리스닝을 연습하는 것은 옳은 방법이 아니다. 리스닝이라는 것은 내가 얼마나 들을 수 있는지 테스트하는 것이지 내가 잘 듣도록 교육하는 프로그램이 아니다.

영어 리스닝을 향상시키려면 첫째, 자신의 발음부터 점검해 보아라. 성인이 되었더라도 영어 발음이 좋지 않다면 발음을 반드시 교정해야 한다. 대학교에서 교양과목을 담당하시던 연세 많으신 영문학 교수님 중에 해외에서 한 번도 공부하지 않았는데도 완벽한 영어 발음을 구사하는 분이 계셔서 어떻게 이렇게 영어 발음이 좋으신지 여쭈었던 적이 있다. 중학생만 되어도 영어 발음 교정이 쉽지 않기 때문이다. 그 분께서는 하루도 빠지지 않고 매일 두 시간씩 6개월간 영어를 읽으며 혼자서 발음 연습을 했다고 말씀하셨다. 어렸을 때 영어 발음을 잘 훈련하지 못했다면 이렇게 해야 영어 발음이 교정된다.

두 번째, 영어를 빨리 읽을 수 있는지를 점검해 봐라. 요즘 아이들은 어릴 때부터 영어를 배워서 영어 발음이 다 좋은 편이라 긴 지문을 잘 읽어 나가기는 하지만 학년이 올라 어려운 단어들이 점점 추가되면 문장을 정확히 발음하며 빠르게 읽어나가는 속도가 줄어들다가 중학생이 되면서부터는 더 이상 빨라지지 않는다는 것을 발견했다. 그만큼 다른 사람이 빨리 하는 말도 들리지 않게 된다.

세 번째, 충분한 어휘력을 갖고 있는지도 확인하라. 우리가 평소에 사용하는 단어가 많지 않다고 생각하지만 관용구, 숙어, 동사구 등 쉬운 단어들의 조합으로 다른 뜻을 나타내는 경우가 많다. 특히 회화에서는 동사와 전치사가 합쳐져 다른 의미를 전달하는 동사구를 많이 사용하기 때문에 다 아는 단어인 것처럼 들리지만 그렇지 않은 경우가 상당하다.

마지막으로 문법 실력도 리스닝을 뒷받침한다. 영어는 표현할 수 있는 방법이 정말 다양하고 문법이 복잡하기 때문에 문법도 깊이 알아야 상대방이 하는 말을 이해할 수 있다.

비극3. 단어 단순 암기하기

영어 단어는 한 가지 뜻만 갖고 있지 않다. 그리고 한 가지 품사만 갖고 있지도 않다. 영어는 단어의 뜻보다 어순이 우선시되므로 동사의 위치에 명사가 온다면 그 명사는 동사의 의미로 바뀐다. 그리고 그 단어가 나타내고자 하는 뜻도 앞 뒤 문맥에 따라 결정된다. 단어집을 사서 단어만 달달 암기해서는 문장 전체가 전달하는 의미를 파악하는 감각과 응용력이 생기지 않아 내가 어떤 말을 하려고 할 때나 글을 쓰려고 할 때 정확한 단어가 떠오르지 않고 또 글을 읽을 때 그 단어의 뜻을 해석하는 능력이 떨어지게 된다. 언어는 습득을 통해 배우는 것이지 기억력으로 하는 것이 아니다. 그래서 영어가 빠르게 느는 사람을 영어로 표현할 때 '습득하다'라는 뜻의 pick up이라는 동사를 사용한다. 완벽하게 이해하지 못해도 좋다. 영어를 잘하려면 원서를 읽으며 지문과 문장 안에서 어휘와 표현을 픽업하라.

비극4. 영어 공부, 하다 안 하다를 반복하기

영어는 절대 쉬면 안 된다. 언어는 인지 발달과 깊은 연관이 있다. 다시 말해 내 인지 발달에 따라 그에 맞는 어휘가 계속 들어와야 한다. 초등학생 때는 곤충 이름과 꽃 이름을 사용해 영어를 공부하지만 중학생이 되면 역사적인 어휘를 가지고 영어를 공부할 수 있게 되고, 고등학생이 되면 사회와 정치 관련 어휘들을 이해할 수 있게 된다. 이처럼 인지 발달과 언어는 서로 상호작용하며 발달하는데 영어를 공부하다가 중단해 버리면 지금까지 쌓아놓은 어휘들이 갈 곳을 찾지 못하고 소멸해 버리고 만다. 그래서 꾸준히 영어를 해야만 영어가 인지발달과 함께 자리를 잡는다.

언어에도 성장판이라는 것이 있는데 언어 성장판은 평균 만 12세까지 자란다. 그리고 만 12세 이후부터는 논리적인 사고가 자라도록 되어 있어 논리력을 영어 어휘와 함께 키워가며 계속 공부해야 한다.

언어는 태권도나 피아노처럼 특기나 취미로 배우는 것이 아니라 살아가는 데 필요한 인지 능력을 키우는 것과 깊은 연관성이 있다는 것을 잊지 말자. 그리고 우리나라는 영어를 쉽게 접할 수 있는 환경이 아니기 때문에 영어를 하다가 안 하다가 하면 그나마 한 것도 한국어가 덮어 버린다.

최소한 성인이 될 때까지 쉬지 않고 꾸준히 해야 그동안 해온 영어 공부 시간을 낭비하지 않고 결실을 맺을 수 있다. 영어는 계단식으로 성장한다는 것을 잊지 말자. 영어가 안 늘고 있는 것처럼 느껴져 포기하고 싶을 때가 있겠지만 계단을 오르기 직전이라는 것을 상기하며 꾸준히 지속적으로 해야 한다.

영문법에 마술 부리기

영어의 핵심 세 가지를 먼저 잡아라

영문법은 세계에서 세 번째로 복잡하고 어려운 구조를 갖고 있다. 거기에다 한국어와는 정반대 어순이니 우리나라 사람들이 많이 헷갈릴 만하다. 하지만 영문법은 현지인도 실수하고 어렵게 느끼는 경우가 종종 있다니 위로가 된다. 오죽하면 영문법을 체크해 주는 사이트를 현지인도 사용하겠는가.

영문법에서 우리나라 사람들이 가장 어색하게 느끼는 분야는 '시제', '수동태', '전치사'다. 시제는 한국어 시제와 비교할 때 표현하는 방법이 매우 다르고, 수동태적 표현은 한국어에서 잘 사용하지 않으며, 영어의 전치사가 갖는 단어의 뜻과 품사는 한국어에서는 다른 품사로 표현되기 때문에 혼동되기 쉽다.

이렇게 복잡하고 어려운 영문법을 효과적으로 공부할 수 있는 방법이 있다. 바로 앞에서 언급한 세 가지를 먼저 공부하는 것이다. 이 세

가지를 공부하는 것은 건물을 지을 때 먼저 틀을 세워 기초를 닦는 것과 같다. 시제, 수동태, 전치사를 먼저 배워놓으면 큰 틀이 만들어져 그 안에 들어가는 나머지 문법이나 어휘는 쉽게 따라 오게 되는 원리다. 그리고 회화나 리딩을 할 때 초급이든 중급이든 이 세 가지는 늘 뒤섞여 함께 나오기 때문에 이 세 가지 문법을 먼저 공부하고 나면 영어 회화를 배울 때도 효율성을 높일 수 있다. 기초영어 실력자든 중급영어 실력자든 시제를 이해하는 데는 크게 문제가 되지 않는다. 회화를 잘하고 싶다면 먼저 영어 시제의 개념부터 확실히 이해하자. 영어에 몇 가지 시제가 있고 어떻게 사용되는지 전체를 알고 회화연습을 해야 한다. 그러지 않으면 엉터리로 말하는 게 습관이 되어 버릴 수 있다.

그러면 이 세 가지가 어떤 것인지 간략하게 살펴보자

영어의 코너스톤: 시제

단순현재

단순현재는 평소 내가 하는 것을 말할 때 사용한다. 현재형 동사를 주어와 함께 사용한다.

예) I drink coffee. 저는 커피를 마십니다.

이 말은 '지금 커피를 마시고 있다는 뜻'이 아니라, 평소에 커피를 마신다는 뜻이다. 가끔 현재시제를 '지금 하고 있다'는 뜻으로 풀이하는 경우가 있다. 잘못된 풀이다. 우리나라 말로 '지금 하고 있다'는 뜻을 전달할 때 현재시제와 현재진행시제를 섞어서 사용하기 때문에 영어에서도 단순 현재시제를 '지금 하고 있다'는 뜻의 현재진행의 의미로 착각해 사용하는 경우가 종종 있다. 현재시제는 현재진행과는 구분되며 과거, 현재, 그리고 미래까지 계속되는 '사실'에 기반한 정보를 나눌 때 사용하면 된다.

현재진행

현재진행은 지금 내가 하고 있는 것을 말할 때 사용한다. 주어와 be동사 그리고 동사에 ing를 붙여서 동사의 현재분사 꼴로 사용한다.

예) She is drinking coffee. 그녀는 커피를 마시고 있는 중이다.

지금 말하고 있는 이 순간에 그녀는 커피를 마시는 행동을 하고 있는 것이다. 현재진행형을 사용할 때는 지금은 진행 중이지만 곧 끝날 행동이라는 뜻도 내포되어 있다는 점을 기억하자.

단순과거

단순과거는 말 그대로 지난 일을 말하는 것으로 동사의 과거형과 함께 사용한다.

예) He went to school yesterday. 그는 어제 학교에 갔다.

과거시제를 사용할 때는 yesterday 같은 과거의 시간이 함께 따라 나오는 것이 일반적이다.

과거진행은 과거에 '무엇을 하고 있는 중이었다'라는 의미로 사용한다. be동사의 과거형과 함께 현재분사를 사용한다.

예) I was talking to my son. 나는 아들과 말하고 있는 중이었어.

과거진행의 특징은 '무엇을 하고 있을 때 다른 어떤 일어났어'라는, 두 가지 상황이 동시에 일어 났을 때 주로 표현되므로 두 가지 사건이 등장한다는 것이다.

예) I was talking to my son when my friend called me.
　　내 친구가 나에게 전화했을 때 나는 아들과 얘기 중이었다.

현재완료시제는 have와 동사의 과거분사를 사용하여 나타내는 시제다. 현재완료시제의 특징은 과거의 시간을 나타내는 말이 절대로 따라올 수 없다는 것이다.

예) I have lost my key. I can't find it. 열쇠를 잃어버렸어. 찾을 수가 없어

현재완료시제는 다음에 좀 더 자세히 다루어 보겠다.

현재완료진행은 have been과 동사의 현재분사를 사용하여 나타내는

시제다. 과거의 시점에서 현재까지 계속 진행중인 사건을 말한다. 마찬가지로 과거의 시간이 나올 수 없다.

예) John is very tired. He has been working very hard.
　　존은 매우 피곤해. 열심히 일해왔거든.

과거완료

과거완료 시제는 had와 동사의 과거분사를 함께 사용하여 나타내는 시제이다.

예) She had already seen the movie. 그녀는 이미 그 영화를 봤었다.

과거완료도 현재완료처럼 과거의 한 사건보다 더 과거에 일어났던 사건을 말하는데 이를 대과거라고 한다. 대과거는 반드시 과거 사건과 연관이 있을 때만 과거완료시제를 사용하여 표현한다.

예) Jane did not want to go to the theatre with her brother because she had already seen the movie.
　　그녀는 극장에 가고 싶어 하지 않았다 왜냐하면 그녀는 이미 영화를 봤기 때문이다.

> Tip. 대과거가 과거의 사건과 연관되지 않으면 과거 사건과 보다 더 이전에 일어났다 하여도 그냥 과거시제로 표현한다.

과거완료진행시제는 had been과 동사의 현재 분사를 함께 사용하여 나타내는 시제다.

예) I had been waiting for 30 minutes. 나는 30분 동안 기다려 왔었다.

과거완료진행은 과거의 한 사건까지 더 과거의 한 시점부터 진행된 것을 나타낼 때 사용하기 때문에 과거의 사건이 한 가지 언급되어야 한다.

예) The train finally came. I had been waiting for 30 minutes.
　기차는 마침내 왔다. 나는 30분 동안 기다렸었다. (기차가 올 때까지.)

영어의 미래시제는 어떤 조동사와 함께 사용하느냐에 따라 의지인지, 예정인지, 확정인지, 일정인지 등을 나타낸다. 나의 상황을 정확히 나타내려면 다음에 설명하는 미래의 의미를 담고 있는 표현의 상세한 의미를 알고 사용하는 것이 좋다.

Will과 미래로 사용할 때

will이라는 조동사를 사용하면 의지, 추측의 의미를 갖는다. 의지를 나타낼 때는 오랫동안 계획하고 생각했던 것을 말하는 것이 아니라 짧은 시간에 결정한 사항을 표현한 것이다.

예) I will call you. 내가 전화 할게.

위의 문장은 내가 너에게 전화를 하겠다는 의미로 나의 의지를 표현한다.

예) He will probably come soon. 아마도 그는 곧 올 거야.

위의 문장은 그가 곧 도착할 것이라는 추측의 의미를 전달한다.

be going to(do)와 함께 사용할 때

무엇을 하기로 결정한 사항을 '오래 전부터 계획하고 있었다'는 의미의 미래형이다. 또한 '어떤 일이 곧 일어날 거야'의 의미를 나타낼 때도 be going to를 사용한다.

예) I am going to go to bed early. I am tired from my business trip.
난 일찍 자러 갈 거야. 출장으로 너무 피곤해.

여행으로 이미 피곤해 있어서 일찍 자러 갈 계획이었다는 것을 말한다.

예) Look at those dark clouds. It is going to rain.
구름 좀 봐. 비가 올 거야.

검은 구름이 있어 '어떤 일이 일어날 거야'의 의미로 사용된다.

단순현재형을 미래로 사용할 때

버스, 비행기 등의 교통편이나 영화 등의 시간표 또는 미팅의 일정표에 대해 말할 때 단순현재를 사용한다.

예) Your flight leaves at 12:00. 당신의 비행기는 12시에 떠납니다.

예) Tomorrow is Friday 내일은 금요일입니다.

예) I finish my work at 7 tomorrow. 내일 일은 7시에 끝납니다.

유학생도 모르고 사용하는 시제: 현재완료시제

현재완료시제는 우리말로 과거시제와 다르지 않게 번역되기 때문에 언제 사용하는지 이해하기가 쉽지 않다. 실제 중고등학교 때 해외에서 학교를 다닌 친구들도 현재시제와 과거시제를 동일하게 사용하는 경우가 많다.

현재완료시제와 과거시제의 차이를 원어민 선생님에게 물어보면 태어날 때부터 사용했기 때문에 그 차이를 잘 설명하지 못 한다.

1. 과거 사건이 현재의 다른 사건과 연관될 때

현재완료시제는 과거의 사건이 현재의 다른 사건과 연관되어 있다는 것을 나타내기 위해 사용한다. 그래서 과거 사건을 have동사와 동사의 과거분사형을 붙여서 표현하는데, 과거에 일어난 사건이긴 하지만 현재의 사건과 연관해서 언급하는 것이기 때문에 '어제(yesterday)'나 '3년 전(3 years ago)'과 같은 과거의 시간을 나타내는 말을 현재완료시제와 함께 사용할 수 없다.

과거의 시간이 와야 한다면 단순과거시제를 사용해 '지난 금요일(last Friday)' 또는 '3시간 전(3hours ago)' 같은 과거 시간을 언급한다.

해외에서 영어로 수업하는 학교를 3~4년 다니다 온 친구들도 현재 완료시제와 단순과거를 잘 이해하지 못하고 혼동하여 사용하는 경우를 종종 본다. 일상 대화에서는 현재와 관련된 과거 사건을 말하는 경우가 많아서 현재완료시제를 자주 사용하게 되므로 언제 이 시제를 사용해야 하는지 잘 알고 사용하자.

2 경험을 나타낼 때

현재완료시제를 사용하는 또 다른 경우는 경험을 나타낼 때다. 경험은 과거에 일어난 사건이지만 현재 내가 갖고 있는 것이기 때문에 "나 이런 경험 해봤어"라는 뜻에서 have동사와 함께 동사의 과거분사형을 붙여 사용한다.

예) I have been to China 나 중국 가봤어.
예) I have tried Sushi 나 스시 먹어 봤어.

회사에서 가장 많이 쓰이는 수동태

수동태는 주어가 동사를 행하는 것이 아니고, be동사와 과거분사를 이용해 오로지 주어에 일어난 일을 말하는 것으로서 주어의 상태가 어떤지 나타내는 태이다. 상태를 나타내야 하기 때문에 be동사가 늘 따라 다닌다.

예) Five hundred people are employed there.

500명의 직원이 거기에 고용되어 있다.

예) The company is owned by a much larger company

그 회사는 훨씬 더 큰 회사에 의해 소유되어 있다. (훨씬 더 큰 회사가 그 회사를 소유하고 있다.)

예) The email was sent a week ago.

이메일은 일주일전에 보내어졌다. (과거)

수동태는 위에서 언급한 모든 시제와 함께 사용할 수 있는데 be동사의 시제 변형으로 시제를 나타낸다.

우리나라 말에는 능통태가 훨씬 많기 때문에 영어에도 능통태를 사용한 표현이 더 많을 것 같지만 영어는 능동태보다 수동태를 더 많이 사용하는 언어다. 그래서 수동태를 자유롭게 사용할 수 있어야 영어 표현이 자연스러워진다.

한 번은 기업 강의를 갔는데 그 기업에서 고객사에 보내는 이메일을 확인해 달라고 해서 들여다보니 모든 글이 능동태로 작성돼 있었다. 능통태는 주어가 동사를 진행한 것이므로 주어가 강조되는 문장 형태다. 그래서 능동태로 계속 업무 보고를 하면 "내가 했다" "내가 보냈다" "내가 보고했다"는 식으로 "내가"가 계속 강조된다.

업무 보고는 "○○은 진행되었다" "○○은 보내어졌다" "○○은 행해졌다"라는 식으로 업무의 상태를 나타내는 수동태로 작성되어야 업무 중심으로 전달된다.

따라서 수동태는 직장에서 능동태보다 훨씬 더 많이 쓰일 수밖에 없다. 우리나라에서는 주어가 사물일 때 수동태를 사용한다고 배운다. 확률적으로 이런 경우가 높기 때문에 이렇게 가르치겠지만 수동태는 주어가 사물일 때뿐만 아니라 사람일 때도 아주 자연스럽게 쓰일 수 있다.

영어의 완성은 전치사

전치사는 매우 짧고 쉬어 보인다. 하지만 그 작은 단어가 담고 있는 함축적 의미가 깊고 다양해서 한국인에게는 전치사만큼 난해한 것이 없다.

전치사는 복합 전치사까지 약 130개 정도나 되는데 동사를 꾸며주어 동사구로도 함께 쓰이므로 전치사를 잘 모르면 어휘력을 키우는 데에 한계가 온다. 이 책은 실용서가 아니기에 가장 많이 쓰이는 전치사 in, at, on, to, under, below, above 7가지만 다루어보겠다.

in

먼저 in은 "~안에 있는"이라는 의미를 갖는데 여기서 중요한 것은 반드시 틀이 있을 때만 in을 사용한다는 것이다. in the building(건물 안), in the box(박스 안), 그리고 우리가 자주 사용한 in the morning이 바로 좋은 예다. in을 morning 앞에 사용하는 이유는 morning은 오전 12시부터 11시 59분까지라는 틀이 있기 때문이다. in January도 1일에서 31일까지라는 틀이 있기 때문에 in을 사용한다.

at

at은 틀이 없는 것에 사용된다. 행사 또는 나이, 각도, 시간 등과 같은 추상적인 상황을 나타내거나 표면적인 위치를 나타낼 때 사용한다. 따라서 I am at school은 학교에 와 왔다는 뜻을 내포한다.

to

to는 어디를 향하는 것이기 때문에 반드시 물체가 있어야 한다. shopping, fishing, skiing과 같은 행동을 나타내는 동명사는 장소나 물체가 아니기 때문에 to를 사용할 수 없다.

under vs. below

under는 아래 있는 것이 위에 있는 것과 관계가 있을 때 사용하는데, 그냥 위치만을 나타내는 아래의 의미는 under대신 below를 사용한다. 우리는 "홍길동 과장님이 총괄하는 프로젝트에 속해 있어"라고 말할 때 under 홍길동이라는 표현을 사용하고, 2층은 4층 아래라고 말할 때는 below를 사용해야 한다.

on vs. above

on과 above도 under와 below와 비슷한 개념인데 on은 진행중인 것 또는 어떤 것 위에 붙어 있는 것을 나타낼 때 사용하고, above는 그냥 어떤 것보다 위에 있다는 것을 나타낼 때 사용한다.

이 외에도 전치사는 형용사와 부사로 사용되기도 하고 전달하는 의미가 다양하므로 전치사마다 뜻이 미묘하게 차이 나서 전치사를 대충 공부하면 표현에 한계를 느끼게 된다. 예를 들어 about이라는 전치사에는 "무엇에 관하여"라는 뜻이 있기도 하지만 부사로 사용될 때는 "여기저기"라는 뜻을 갖는다. 물론 명사가 오면 "여기저기"라는 뜻의 전치사가 되기도 한다. 또한 똑같은 동사를 사용해도 어떤 전치사를 쓰느냐에 따라 의미가 달라진다. Throw the ball at him은 "공을 그한테 던져"라는 뜻인데 him앞에 at을 쓰면 공을 그가 받도록 던지라는 것이 아니라 그를 맞추라는 의미다. Throw the ball to him처럼 to를 사용해야 그가 받도록 던지라는 의미로 해석된다. to가 갖는 의미만 해도 18가지나 된다.

영어를 잘한다는 한국 사람도 전치사에서 흔하게 오류를 범한다. 전치사에 대한 깊은 이해 없이 고급 영어는 불가능하다. 영어의 완성은 전치사라고 해도 과언이 아니다.

영어는
어순, 어순, 어순으로 말한다

영어의 어순은 한국어 어순과 정반대다. 영어는 주어, 동사, 목적어, 장소, 방법, 시간의 순서로 말한다. 그러나 한국어는 주어로 시작하여 시간, 방법, 장소, 목적어, 동사의 순서로 말한다. 그런데 어순에서 영어와 한국어 사이에 또 다른 차이가 있다. 한국어는 어순이 바뀐다 해도 의미가 크게 달라지지 않는다. 그러나 영어는 한국어와는 달리 어순이 바뀌면 의미도 달라져 원래 전달하려고 한 의미를 잃어버린다. 이는 어순이 영어에서 의미를 전달하는 데 절대적인 역할을 하기 때문이다. 예를 들어 보겠다.

예1) Tom has breakfast at work with his colleagues at around 8.

톰은 8시쯤 직장에서 내 동료들과 함께 아침식사를 한다.

우리말과 영어의 어순을 한 번 바꿔보자.

아침식사를 톰은 한다 그의 동료들과 직장에서 8시쯤 ⇨ 어순이 바뀌어도 의미는 달라지지 않았다.

Breakfast Tom has with his colleagues at work around 8 ⇨ "8시쯤 직장에서 동료들과 먹는 아침"이라는 의미로 어순이 바뀌기 전 문장과 의미가 달라진다.

예2) Sarah went to the party last night. 세라는 어젯밤에 파티에 갔었다.

우리말과 영어의 어순을 한 번 바꿔보자.

파티에 세라는 어젯밤에 갔었다. ⇨ 어순이 바뀌어도 의미가 달라지지 않았다.

The party Sarah went to last night ⇨ "어젯밤에 세라가 갔던 파티"라는 의미로 어순이 바뀌기 전과 의미가 달라졌다.

한국어는 어순을 바꿔도 의미가 달라지지 않는다. 한국어에서는 주어를 나타내는 조사인 '은', '는'이 주어인 '톰'과 '세라'와 구조상 같이 움직이기 때문이다. 그러나 영어는 한국어에서 주어를 나타내는 '은', '는', '이', '가'가 같은 조사가 없어서 주격과 목적격이 따로 있는 인칭대명사만 구분이 되고, 나머지 명사는 언어의 순서가 그 단어가 주어인지 목적어인지를 나타낸다. 주어인지 아닌지를 위치로 나타내기 때문에 'Tom'이 '주어'였던 문장에서 'breakfast'가 'Tom' 앞으로 나오면서 'breakfast'가 주어가 되고 그 뒤에 이어서 나오는 문장은 breakfast를 수식해 주는 구절이 돼 "8시쯤에 톰이 직장에서 그의 동료들과 함께 먹는 아침은"이라고 해석이 되며 문장이 완성되지 않은 형태다.

이처럼 영어에서는 어순이 단어 의미와 문장의 해석을 다르게 만들기 때문에 어순의 큰 틀을 절대 잊어서는 안 된다. 조사가 단어와 붙어 주어가 무엇인지 알려주는 한국어에 익숙해서 영어의 'I am'을 '나는'으로 인식해 영어로 말할 때 'I am'과 다른 동사를 함께 사용하는 경우도 종종 본다. 영어에서 '나는'은 'I'이고, 'am'은 동사라는 것을 이해하자.

그렇다면 영어에서는 같은 의미를 유지하며 어순을 절대 바꿀 수 없는 것일까? 영어에서도 같은 뜻을 유지하면서 어순을 바꿀 수 있다. 문어체에서는 원래의 순서를 벗어날 때는 ','(쉼표)를 주로 사용해 표현한다.

예1) Jane(주어) used a cold cloth to cool down a fever.
제인은 열을 식히기 위해 차가운 천을 사용했다.
To cool down a fever, Jane(주어) used a cold cloth.

예2) Tom(주어) ate chocolate after dinner.
저녁식사 후 톰은 초콜릿을 먹었다.
After dinner, Tom(주어) ate chocolate.

위의 첫 문장과 아래 문장은 어순이 달라져도 ','를 사용함으로써 위 문장의 주어는 주어의 자리를 지키며 원래 문장의 의미를 그대로 전달한다. 그리고 뒤에 있어야 할 절이 앞으로 나오면서 구절이 더 강조된다.

어렸을 때부터 회화를 워낙 중요하게 여기는 바람에 초등학생 아이들이 어순을 무시하고 영어 단어를 한국어순으로 나열해 말하는 경우를 종종 본다. 스스럼없이 영어로 말하니 부모님들이 좋아하기는 하지만 어순을 의식하지 않고 말하는 것이 습관이 된 경우를 볼 때면 난감하다. 너무 오랜 시간 어순을 의식하지 않고 말하는 습관이 굳어지면 문법을 바로 잡기 쉽지 않기 때문이다. 그리고 영어의 어순이 이렇게 복잡하다는 것을 나중에 알고 엄청 당황하는 경우도 종종 본다. 영어의 단어를 습득하는 과정부터 엉터리 어순으로 계속 말하다가 안 좋은 습관이 자리 잡지 않도록 정확한 영어의 어순을 의식하자.

어순이 품사에 가하는 힘

어순을 의식하고 어순을 지켜 말하려면 단어의 품사를 알아야 한다. 품사에 따라 위치가 정해져 있기 때문이다. 그래서 품사를 알아야 어순에 맞는 문장을 만들 수 있다. 형용사를 수식하는 부사는 형용사 앞에, 형용사는 명사 앞뒤에 있어야 한다. 그런데 영어의 어순은 단어의 품사도 바꾸는 힘이 있다. 영어 단어를 살펴보면 대부분 두 가지 이상의 품사를 갖고 있는데 어떤 품사인지는 어순의 배치에서 결정된다. 예를 들어 주어, 동사, 목적어의 어순에서 명사를 동사의 자리에 넣으면 그 '명사'는 명사로서의 품사를 잃어버리고 '동사'로 해석된다. 예를 들어 보겠다.

예) I(주어) drink(동사) water(명사) every day. 나는 매일 물을 마신다.

앞의 문장에서 drink는 동사의 자리에 water는 명사의 자리에 있으므로 drink는 동사인 "마신다"가 되고 water는 명사인 "물"로 해석하면 된다. 그렇다면 다음 예를 보자

예) I(주어) water(동사) plants(명사) every day. 나는 매일 식물에 물을 준다.

위의 문장에서는 water가 동사의 자리에 있으므로 "물"이라는 명사가 아니라 "물을 주다"라는 동사로 해석되므로 명사가 아닌 동사가 된다. 다음의 의문문을 살펴보자

예) Can(조동사) I have(동사) a drink(명사)? 뭐 한 잔 마실 수 있을까요?

위의 drink는 명사의 자리에 있으므로 drink는 명사의 품사를 따라 "마시다"가 아니라 "음료" 또는 "마실 것"이라는 뜻이 된다.

예) Drink(동사) plenty of water(명사) in hot weather. 더운 날씨에는 물을 충분히 마셔라.

위의 drink는 명령문에서 동사 자리에 있으므로 음료라는 뜻이 아닌 "마셔라"라는 의미를 갖는다.

품사의 위치와 중요성
이처럼 영어 단어는 어순에 따라 품사가 달라진다. 영어 단어의 품사

를 정확히 알아야 형용사에 'a'나 'the'를 붙여 명사로 바꾼다든지, 명사가 동사가 되는 식으로 응용이 가능하기 때문에 영어 단어는 품사를 반드시 함께 익혀야 한다. 그렇다면 품사에 따라 서로 어떤 관계를 갖는지 간단히 알아보자.

형용사는 상태나 명사를 수식해 주므로 명사 앞 또는 뒤에 위치하거나 수식하는 명사가 없는 경우 연결동사(be, seem, become)들과 함께 사용된다.

명사를 수식하는 형용사의 예)
She speaks perfect English. 그녀는 완벽한 영어를 한다.
He has long hair. 그는 긴 머리를 가지고 있다.
That is a black car. 저것은 검은 차이다.

연결동사로 주어의 상태를 수식하는 형용사의 예)
She is perfect. 그녀는 완벽하다
She became sick. 그녀는 아프다.
He seems happy. 그는 행복해 보인다.

부사는 동사, 형용사, 부사, 문장 전체 등을 수식해 주므로 수식하는 품사들 앞에 위치하며, 문장 전체를 수식할 때는 기본 문장의 맨 뒤 또는 맨 앞에 위치한다.

형용사를 수식하는 부사의 예)

The food is <u>extremely</u> good. 음식은 극도로 좋았다.

The people were <u>seriously</u> injured. 사람들은 심하게 부상을 입었다

부사를 수식하는 부사의 예)

Maria learns languages <u>incredibly</u> quickly.

마리아는 언어를 믿을 수 없을 정도로 빠르게 배운다.

Liz hurt herself <u>really</u> badly. 리즈는 정말 심하게 다쳤다.

문장 전체를 수식하는 부사의 예)

She speaks English <u>perfectly</u>. 그녀는 영어를 완벽하게 한다.

Jack can run very <u>fast</u>. 잭은 매우 빨리 뛸 수 있다.

동사를 수식하는 부사의 예)

We <u>often</u> go there. 우리는 자주 그곳에 간다.

I <u>usually</u> read books. 나는 평소에 책을 읽는다.

단어의 품사를 알고 각각의 품사가 수식하는 품사와 어순을 알 때 비로서 자신감 있게 말도 하고 문장도 읽어 나갈 수 있다. 그래서 나는 품사의 개념을 문법뿐만 아니라 리딩, 회화, 영작 수업을 할 때도 계속 반복해서 설명한다.

우리 말은 '-하게'를 붙이면 부사가 되고 '-하는(있는)'을 붙이면 형용사가 되지만 영어는 처음부터 형용사인 단어가 있는가 하면 -able, -tive, -ed, -ing, -al, -less 등이 붙어 형용사가 되는 단어가 있는 등

그 형태가 다양해 별도의 정리와 이해가 필요하다. 부사도 마찬가지다. 부사 단어는 형용사만큼 다양한 형태는 아니고 형용사에 ly를 붙여 부사가 된다. 그러나 ly가 붙어 있다고 무조건 부사가 되는 것은 아니며, ly가 없는 부사도 많이 있다.

형용사의 예	부사의 예
nice 좋은, 즐거운	hard 열심히
interesting 흥미로운	quickly 빠르게
delicious 맛있는	seriously 심각하게
beautiful 아름다운	quietly 조용히
talkative 말이 많은	happily 기쁘게
hot 더운, 뜨거운	exactly 정확히
lovely 사랑스러운, 멋진	well 잘
bored 지루한	late 늦게
tired 피곤한	fast 빠르게
surprising 놀라운	perfectly 완벽하게
hard 단단한	really 정말
friendly 친절한, 상냥한	badly 몹시
silly 어리석은	lately 최근에
eternal 영원한	usually 보통
amiable 정감있는	often 자주

어순과 품사를 제대로 이해하며 단어를 쌓아간다면 영문법의 70퍼센트 이상은 다 이해했다고 할 정도로 정확한 문법으로 표현할 수 있고

독해력도 좋아진다. 그만큼 단어의 품사는 중요하다. 단어의 품사를 알려면 일단 많은 단어를 알아야 하고, 그 많은 단어를 다 알려면 시간이 걸릴 수밖에 없으니 영어를 공부할 때는 조급해지지 말지.

단어공부 vs.
가장 많이 범하는 오류

나는 학생들에게 영어 리딩을 가르칠 때 새롭게 접하는 영어 단어가 나오면 그 뜻을 많은 시간을 두고 깊이 있게 설명한다. 그래서 주변 분들로부터 단어의 뜻은 그냥 사전을 찾아서 외우면 되는데 설명할 게 있느냐는 질문을 종종 받는다. 하지만 학년이 올라갈수록 인지 영어가 되므로 단어 하나하나에 시간을 투자해 이해해야 한다. 이를 간과하고, 단순 암기를 하면 당장 코앞에 닥친 시험에는 도움이 될지 모르나 그 단어를 지속적으로 알고 활용하기는 불가능할 것이다.

영국에서 학교를 다닐 때 모든 과목의 수업마다 새로운 단어가 나오면 선생님들이 그 단어의 개념을 늘 먼저 설명해 주었던 것을 기억한다. 어떤 과목의 지식을 배우기 전에 그 과목에서 사용하는 단어와 어휘를 모르면 그 과목에 대한 이해력이 떨어진다. 아무리 영어가 모국어인 아이들이라도 처음 듣는 단어가 상당히 많을 뿐만 아니라 뜻을 잘 모르고 있는 경우도 허다했다. 그래서 선생님들은 늘 새로운 단어의 개념을 설명하고 되물어보며 이해시키려고 했다. 해외에서 국제학교를 다니면서 난 단 한 번도 선생님들로부터 외우라는 요구를 받아본 적이 없다. 늘 "이해했니?"라고 물어보셨다. 이는 외우지 말라는 뜻이 아니라 이해하는 것이 우선이고, 암기는 이해와 함께 자연스럽게 따라온다는 것을 말하는 것이다. 하물며, 우리는 외국어인 영어를 공부하고 있다. 단어를 이해하는 데 필요한 시간을 투자하지 않고 단순히 암기하도록 하는 것은 잘못된 방법이다. 더군다나 어린아이들은 영어의 뜻을 한국어로 가르쳐 줘도 한국어 자체의 뜻을 잘 모르는 경우가 많기 때문에 영어 수업일지라도 한국어의 뜻까지 따로 설명할 필요가 있다고 생각한다.

그래서 나는 영어 단어를 2차원으로 바라보지 않고, 입체적 관점인 3차원으로 바라보는 훈련을 매우 중요하게 생각하고 시간이 걸리더라도 수업에 적용한다. 특히 영어 단어를 3차원으로 바라보는 관점은 앞으로 계속 영어로 학문을 쌓아가거나 인지를 넓히려는 사람에게는 정말 중요한 학습법이 아닐 수 없다.

영어 단어를 3차원의 관점으로 공부한다는 것은 이런 것이다. 첫 번째, 영어 단어는 함축적인 뜻을 갖고 있는 것이 매우 많다. 그래서 이러한 단어는 오랜 시간 생각하고 의미를 분석해야 이해가 가고, 단어의 깊은 의미를 파악하게 되며, 그제야 내 것으로 만들 수 있다. 하지만 많은 경우 단순히 한국말로 바꾸어 암기한 것으로 그 영어 단어의 뜻을 다 안다고 생각한다. 이렇게 단순 암기에 그치면 단어의 적용과 활용 능력이 떨어지게 된다. 그래서 나는 새로운 영어 단어, 특히 함축적 의미를 갖고 있는 단어는 뜻을 암기하는 것이 아니라 먼저 이해시키고,

상상하게 하여, 자기 것으로 만들도록 한다.

두 번째, 학생들이 새로운 단어를 접했을 때 그 단어에 대한 호기심을 유발하고 단어를 음미하도록 해 영어 단어는 암기가 아니라 공부해야 하는 것이라는 것을 깨닫게 해준다. 그래서 정확한 뜻을 한국말로 바로 말해 주기보다 풀어서 설명한다. 그러면 학생들은 종종 "그래서, 정확히 한국말로 뭐죠?" 하고 묻는데 정확한 뜻이 무엇일지 본인이 한 번 말해 보라고도 하고 또 한국말로는 무엇인지 직접 찾아보라고도 한다.

세 번째, 단어는 단어의 원뜻을 기반으로 지문 안에서 저자가 말하려고 하는 독특한 뉘앙스(nuance)를 갖는 경우가 많다. 그래서 단어 하나가 그 지문 안에서 어떻게 사용되었는지 오랜 시간 동안 설명하며, 그 단어가 갖는 문화와 뉘앙스를 파악하도록 한다. 학생들이 그 문장을 곱씹으며, 저자가 전달하려고 하는 의미를 상상하고 저자의 그 단어 사용이 적절했는지까지 생각해 보게 한다. 이렇게 하면 학생들은 영어를 배우는 데 주체적이 되고, 단어 확장의 재미를 느끼며, 단어의 뉘앙스를 표현하고 활용하는 능력과 어휘력을 계속해서 넓혀갈 수 있게 된다.

효과적 단어 정리법

영어 단어를 안다는 것은 철자와 뜻만 아는 것으로 끝나는 게 아니다. 우선 그 단어의 액센트 위치를 알고 정확히 발음할 수 있어야 한다. 정확한 단어 발음을 모르는데 그 단어의 소리를 듣고 어떻게 알겠는가? 발음을 알고, 단어의 철자를 알고, 그 단어의 정확한 뜻과 품사까지 아는 것이 그 한 단어를 아는 것이다. 이 중 하나라도 모르면 그 단어를 안다고 할 수 없다.

영어 단어를 품사와 함께 익히는 가장 좋은 방법은 리딩을 하다가 새롭게 접하는 단어와 그 정황에서 사용된 품사를 예문과 함께 단어 노트에 정리해 나가는 것이다. 학생들에게 이렇게 단어를 정리하라고 하면 일부 학생들이 아니, 대부분의 학생들이 "왜 꼭 이렇게 수고스럽게 정리해야 하느냐, 그냥 외우거나 정리돼 있는 단어장을 사서 외우면 되지 않느냐"고 투덜댄다. 하지만 영어 단어는 단어가 갖고 있는 뜻도 여러 개고, 품사도 여러 개일 뿐만 아니라, 정황에 따라 뜻의 범위가 넓어지기 때문에 남이 정리해 놓은 단어장을 사서 무작정 외우는 것만으로는 단어를 기억하고 활용할 수 있는 능력을 갖추는 데 한계가 온다. 그리고 사실상 마음껏 읽고 표현하고 알아들으려면 알아야 할 영어 단어가 정말 많다. 그래서 꼭 정리해야 하며, 정리하는 과정에서 단어가 자연스럽게 외워진다. 이미 정리돼 있는 단어장을 사서 내가 그 단어들을 알고 있는지, 어떤 단어를 모르는지 점검하는 것은 자신의 어휘력을 확인하는 좋은 방법이 될 수 있을지언정 단어를 사용하는 능력을 길러주지는 못한다. 내가 알아야 할 단어는 스스로 정리하는 것이 수고스럽더라도 단어를 익히고 내 것으로 만드는 지름길이다.

단어를 따로 외워서 리딩에 적용하는 것이 아니라 리딩을 하다가 그 속에서 만나는 단어를 정리하는 것이 옳은 영어 공부 순서다. 이렇게 직접 정리해 나가다 보면 영어 단어를 늘리기 위해 다양한 토픽의 글을 읽어야 한다는 것을 자연스럽게 알게 된다. 정리해 놓은 단어들을 수시로 보며 어휘력이 올라오면 이미 익힌 영문법의 틀 안에 영어 단어들이 자연스럽게 스며들어 자기도 모르게 어법에 맞는 문장을 만들고 말하게 되는 것이다.

일반 노트에 단어의 뜻과 품사를 내 힘으로 정리해 놓고, 예문까지

적어놓으면서 그 단어의 쓰임을 깊이 있게 이해하려고 하자. 수많은 영어 단어를 익히고 꺼내 사용하는 데 큰 도움이 된다. 영어 단어도 암기가 아닌 이해를 바탕으로 하는 공부를 필요로 한다. 아래는 단어를 정리해 놓은 예다.

단어노트 정리 예

- perfect: (형용사) 완벽한
  예) She speaks perfect English.
- appreciation: (명사) 감탄, 공감, 감사
  예) she showed a lot of appreciation of good music.
- forbid: (동사) 금지하다
  예) Her father forbade the marriage.

함정에 빠뜨리는 동사 vs. 분사

영어의 동사는 동사변형을 한다. 영어 문장의 기본은 주어와 동사이기 때문이 동사변형을 잘 이해하고 변형된 형태의 품사와 뜻을 잘 아는 것이 영어에 대한 통찰력을 갖게 할 뿐 아니라 영어 실력을 쌓는 면에서도 시너지를 일으킨다. 영어의 동사는 규칙적인 변형을 하는 '규칙동사'와 불규칙적으로 동사변형을 하는 '불규칙 동사'가 있다.

규칙동사

규칙동사는 과거형과 과거분사형 모두 – ed로 끝나는 규칙을 적용하면 된다. 물론 외관상 과거형인지 과거분사형인지 구분되지 않는다. 따라서 이 단어가 과거인지 과거분사인지는 문맥과 정황 안에서 구분해

야 한다. 동사변형의 현재분사는 규칙동사나 불규칙동사 모두 −ing로
끝난다. 다음은 규칙동사의 몇 가지 예다.

동사		형용사	
단순현재(원형)	단순과거형	과거분사형	현재분사형
play 놀다	played 놀았다	played 논	playing 놀고 있는
clean 청소하다	cleaned 청소했다	cleaned 청소된	cleaning 청소하고 있는
finish 끝내다	finished 끝냈다	finished 끝이 난	finishing 끝내고 있는
use 사용하다	used 사용했다	used 사용된	using 사용하고 있는

＊현재분사형은 동명사가 되기도 한다. 동명사로 해석될 때는 "∼하는 것" 또는 "하기"가 된다.

　동사의 변형에서 정확히 이해해야 하는 것은 '단순현재'와 '단순과거'
는 동사이지만 '과거분사'와 '현재분사'는 동사가 아니라는 것이다. 품사
로 말하자면 분사형은 '형용사'이며, '현재분사'는 "∼하고 있는"이라는
뜻의 형용사적 품사 외에도 "∼하기" "∼하는 것"이라는 '동명사' 품사도
갖고 있다. 현재분사는 형용사든 동명사든 외관상 −ing를 붙이는 것은
동일하기 때문에 문맥과 정황 안에서 어떤 품사로 사용했는지 파악해
야 한다.

　'과거분사형'은 '현재완료시제'에서 have와 함께 사용되며 '현재분사형'
은 '현재진행시제'에서 'be'와 함께 사용되는데 이때 시제와 함께 사용되
는 '분사형'을 동사로 인식하기 때문에 '과거분사형'이나 '현재분사형' 자
체를 동사로 착각하는 학생들을 종종 만난다. 그러나 '과거분사형'과 '현
재분사형'은 시제를 나타내는 'have'나 'be동사'와 함께 사용할 때만 해석
하면 동사적 의미를 갖는 것이다. 시제와 함께 사용하지 않는다면 '과거

분사형'은 수식해 주는 대상이 '수동적인 상태'로, 그 대상에게 '일어난 것'을 수식해 주는 형용사다. 그리고 '현재분사형'은 수식해 주는 대상이 '능동적 상태'로 '한 것'을 수식해 주는 형용사라고 이해하면 된다.

수능이나 토플을 준비하는 많은 학생들이 '과거분사형'이 '수동적', 그리고 '현재분사형'이 '능동적' 기능으로서 형용사의 역할을 한다는 것을 정확히 이해하지 못하고 대충 해석한다. 아마도 분사형이 시제와 함께 동사로 사용되기도 하고, 영어에서는 반드시 수동태로 사용해야 하는 문장을 우리 말에서는 능동태로도 표현하기 때문에 혼란스러워 그럴 것이다. 하지만 영어에서는 말하고자 하는 상황에 따라 수동태와 능동태를 분명하게 구분해서 말해야 한다. 따라서 동사의 분사형이 시제와 함께 사용되지 않을 때는 수동적 형용사로 사용된 것인지 아니면 능동적인 형용사로 사용된 것인지 명확히 구분해서 표현해야 한다.

수동적, 능동적 형용사의 특징을 이해하지 못하고 대충 해석하고 글을 읽거나 말하면 당연히 오류가 발생되고, 자신도 계속 오류를 만들며 말하게 된다. 영어는 수동태와 능동태를 주어에 따라 명확히 구분해서 사용하기 때문에 수동적, 능동적 의미를 확실하게 이해하는 것이 '영어적 사고'를 하는 것이라 말할 수 있다.

불규칙동사

불규칙동사는 동사변형이 불규칙적이어서 별도로 알아야 한다. 그러나 불규칙동사 중에도 규칙동사처럼 '과거형'과 '과거분사형'이 동일한 단어가 있다. 앞서 말한 것처럼 이렇게 과거형이나 과거분사형이 외관상 동일하더라도 문맥과 정황으로 의미를 파악하면 과거형인지 과거분사형인지 알 수 있다.

불규칙동사를 빨리 익히면 익힐수록 영어 실력도 빠르게 성장한다. 그렇다고 불규칙동사를 무턱대고 외우지는 말자. 불규칙동사는 따로 프린트해 놓고, 가지고 다니며 필요할 때마다 찾아보면서 친숙해지도록 하고, 자주 찾다 보다 보면 금방 자연스럽게 외워진다. 불규칙동사만 알면 나머지는 다 규칙동사이니 불규칙동사와 먼저 친해지는 것이 우선이다.

불규칙동사의 동사변형

아래는 흔하게 사용하는 불규칙동사다.

동사		형용사	형용사/동명사
현재형(원형)	단순과거형	과거분사형	현재분사형
be(is, are, am) 있다, 이다	was/were 있었다	been 있어본	being 있는
beat 이기다	beat 이겼다	beaten 두들겨 맞은	beating 두들기고 있는
become 되다	became 되었다	become 된	becoming 되어가고 있는
begin 시작하다	began 시작했다	begun 시작된	beginning 시작하는
bend 굽히다	bent 구부렸다	bent 구부러진	bending 구부려지는
bet 돈을 걸다	bet 돈을 걸었다	bet 내기건	betting 내기걸고 있는
bite 물다	bit 물었다	bitten 물린	biting 물고 있는
blow 불다	blew 불었다	blown 날라간	blowing 불고 있는
break 부서지다, 깨지다	broke 부서졌다	broken 깨어진	breaking 부서지고 있는

bring 가져오다	brought 가져왔다	brought 가져온	bringing 가져오고 있는
broadcast 방송하다	broadcast 방송했다	broadcast 방송된	broadcasting 방송하고 있는
build 짓다	built 지었다	built 지어진	building 짓고 있는
burst 터지다	burst 터졌다	burst 터진	bursting 터지고 있는
buy 사다	bought 샀다	bought 산	buying 사고 있는
catch 잡다	caught 잡았다	caught 잡힌	catching 잡고 있는
choose 선택하다	chose 선택했다	chosen 선택된	choosing 선택하고 있는
come 오다	came 왔다	come 온	coming 오고 있는
cost 비용이 들다	cost 비용이 들었다	cost 비용이든	costing 비용이 들게 하는
creep 살금살금 기어가다	crept 살금살금 기어갔다	crept 기어든	creeping 기어가고 있는
cut 베다,자르다, 절개하다	cut 잘랐다	cut 잘라진	cutting 자르고 있는
deal 거래하다	dealt 거래했다	dealt 거래된	dealing 거래하고 있는
dig 파다	dug 팠다	dug 파헤친	digging 파고 있는
do 하다	did 했다	done 된	doing 하고 있는
draw 그리다	drew 그렸다	drawn 그려진	drawing 그리고 있는
drink 마시다	drank 마셨다	drunk 마신	drinking 마시고 있는
drive 몰다, 운전하다	drove 몰았다	driven 몰아진	driving 운전하고 있는
eat 먹다	ate 먹었다	eaten 먹힌	eating 먹고 있는

fall 떨어지다, 넘어지다	fell 떨어졌다	fallen 떨어진	falling 떨어지고 있는
feed 먹이다	fed 먹였다	fed 먹인	feeding 먹이고 있는
feel 느끼다	felt 느꼈다	felt 느껴진	feeling 느끼고 있는
fight 싸우다	fought 싸웠다	fought 싸운	fighting 싸우고 있는
find 찾다	found 찾았다	found 발견된	finding 찾고 있는
fit 맞다	fit 맞았다	fit 맞은	fitting 맞고 있는
flee 달아나다	fled 달아났다	fled 도망한	fleeing 달아나고 있는
fly 날다	flew 날았다	flown 날아간	flying 날고 있는
forbid 금지하다	forbade 금지했다	forbidden 금지된	forbidding 금지하고 있는
forget 잊다	forgot 잊었다	forgotten 잊혀진	forgetting 잊고 있는
freeze 얼다	froze 얼었다	frozen 얼어 있는	freezing 얼고 있는
get 얻다, 받다	got 받았다	gotten 얻은, 받은	getting 얻고 있는
give 주다	gave 주었다	given 주어진	giving 주고 있는
go 가다	went 갔다	gone 가버린	going 가고 있는
grow 커지다, 자라다	grew 커졌다	grown 자란, 커진	growing 자라고 있는
hang 걸다, 매달다	hung 매달았다	hung 걸려 있는	hanging 매달려 있는
have 가지다, 있다	had 가지고 있다	had 가진	having 가지고 있는
hear 듣다	heard 들었다	heard 들은	hearing 들리고 있는
hide 감추다, 숨기다	hid 감췄다	hidden 숨겨진	hiding 숨고 있는

hit 때리다, 부딪치다	hit 때렸다	hit 맞은	hitting 때리고 있는
hold 잡고 있다	held 잡았다	held 잡힌	holding 잡고 있는
hurt 다치게 하다	hurt 다쳤다	hurt 다친	hurting 다치게 하고 있는
keep 유지하다	kept 유지했다	kept 유지된	keeping 유지하고 있는
kneel 무릎을 꿇다	knelt 무릎을 꿇었다	knelt 무릎 꿇은	kneeling 무릎을 꿇고 있는
know 알다	knew 알았다	known 알려진	knowing 알고 있는
lay 놓다	laid 놓았다	laid 놓여진	laying 높여 있는
lead 안내하다, 이끌다	led 이끌었다	led 안내된, 이끌어진	leading 이끌고 있는
leave 떠나다, 남겨놓다	left 떠났다	left 떠난, 남겨진	leaving 떠나고 있는
lend 빌려주다	lent 빌려줬다	lent 빌려준	lending 빌려주고 있는
let 놓아주다, 허락하다	let 놓아줬다	let 허락된	letting 허락하고 있는
lie 누워 있다, 있다	lay 누워 있었다	lain 있는	lying 놓여 있는
light 불을 붙이다	lighted/lit 불을 붙였다	lighted/lit 불이 켜져 있는	lighting 밝히고 있는
lose 잃어버리다	lost 잃어버렸다	lost 잃어버린, 길을 잃은	losing 잃어버리고 있는
make 만들다	made 만들었다	made 만들어진	making 만들고 있는
mean ～을 뜻하다	meant ～을 뜻했다	meant 의미된	meaning 의미하고 있는
meet 만나다	met 만났다	met 만나진	meeting 만나고 있는

pay 지불하다	paid 지불했다	paid 지불된	paying 지불하고 있는
put 놓다	put 놓았다	put 놓여진	putting 놓고 있는
quit 그만두다	quit 그만두었다	quit 그만둔	quitting 그만두고 있는
read 읽다	read 읽었다	read 읽힌	reading 읽고 있는
ride 타다, 몰다	rode 탔다	ridden 태워진	riding 타고 있는
ring 전화하다, 울리다	rang 전화했다	rung 울려진	ringing 울리고 있는
rise 오르다, 올라가다	rose 올랐다	risen 올라온	rising 떠오르고 있는
run 달리다	ran 달렸다	run 뛴	running 뛰고 있는
say 말하다	said 말했다	said 말한	saying 말하고 있는
see 보다	saw 보았다	seen 보여진	seeing 보고 있는
seek 찾다	sought 찾았다	sought 찾은	seeking 찾고 있는
sell 팔다	sold 팔았다	sold 팔린	selling 팔고 있는
send 전하다, 보내다	sent 보냈다	sent 전해진, 보내어진	sending 보내고 있는
set 놓다	set 놓았다	set 놓인	setting 놓여 있는
sew 바느질하다	sewed 바느질했다	sewn 바느질한	sewing 바느질하고 있는
shake 흔들리다	shook 흔들었다	shaken 흔들린	shaking 흔들리고 있는
shine 빛나다, 반짝이다	shone 빛났다	shone 빛난	shining 빛나고 있는
shoot 쏘다	shot 쏘았다	shot 쏘인	shooting 쏘고 있는
show 보여주다	showed 보여줬다	shown 보여진	showing 보여주고 있는

shrink 줄어들다	shrank 줄어들었다	shrunk 줄어든	shrinking 줄어들고 있는
shut 닫다	shut 닫았다	shut 닫힌	shutting 닫고 있는
sing 노래하다	sang 노래했다	sung 노래된	singing 노래하고 있는
sink 가라앉다	sank 가라앉았다	sunk 가라앉은	sinking 가라앉고 있는
sit 앉다	sat 앉았다	sat 앉은	sitting 앉아 있는
sleep 잠을 자다	slept 잠을 잤다	slept 잠든	sleeping 자고 있는
slide 미끄러지다	slid 미끄러졌다	slid 미끄러진	sliding 미끄러지고 있는
speak 이야기하다	spoke 이야기했다	spoke 이야기된	speaking 이야기하고 있는
spend (돈, 시간)을 쓰다	spent 돈을 썼다	spent 쓰여진	spending 보내고 있는
split 분열되다	split 분열되었다	split 분열된	splitting 분열하고 있는
spread 펼치다	spread 펼쳤다	spread 펼쳐진	spreading 펼치고 있는
spring 뛰어오르다	sprang 뛰어올랐다	sprung 뛰어오른	springing 뛰어오르고 있는
stand 서다	stood 서 있다	stood 서 있는	standing 서 있는
steal 훔치다	stole 훔쳤다	stolen 훔쳐진	stealing 훔치고 있는
stick 찌르다	stuck 찔렀다	stuck 찌른	sticking 붙어 있는
sting 쏘다, 찌르다	stung 쏘았다	sung 쏘인, 찔린	stinging 쏘고 있는
stink 냄새가 나다	stank 냄새가 났다	stunk 냄새가 난	stinking 냄새가 나는
strike 치다, 부딪치다	struck 쳤다	struck 쳐진, 부딪힌	striking 치고 있는

swear 욕을 하다	swore 욕을 했다	sworn 욕이 된	swearing 욕하고 있는
sweep 쓸다	swept 쓸었다	swept 쓸린	sweeping 쓸고 있는
swim 수영하다	swam 수영했다	swum 수영된	swimming 수영하고 있는
swing 흔들리다	swung 흔들렸다	swung 흔들려진	swinging 흔들고 있는
take 데리고 가다	took 데리고 갔다	taken 데리고 가진	taking 데리고 가고 있는
teach 가르치다	taught 가르쳤다	taught 가르쳐진	teaching 가르치고 있는
tear 찢다	tore 찢었다	torn 찢어진	tearing 찢고 있는
tell 알리다	told 알렸다	told 알려진	telling 알리고 있는
think 생각하다	thought 생각했다	thought 생각된	thinking 생각하고 있는
throw 던지다	threw 던졌다	thrown 던져진	throwing 던지고 있는
understand 이해하다	understood 이해했다	understood 이해된	understanding 이해하고 있는
wake 깨다, 일어나다	woke 일어났다	woken 깨어난	waking 깨어나고 있는
wear 입고 있다	wore 일고 있다	worn 입은	wearing 입고 있는
weep 잔물이 흐르다	wept 잔물이 흘렀다	wept 잔물이 흐른	weeping 잔물이 흐르고 있는
win 이기다	won 이겼다	won 이긴	winning 이기고 있는
write (숫자, 글자를)쓰다	wrote 썼다	written 쓰여진	writing 쓰고 있는

다시 시작하는
영어

마음가짐

영어 교육을 위해 성인과 상담하다 보면 "abc밖에 모른다" "회화는 완전 초급이다"라는 등 영어를 정말 못한다는 말을 많이들 한다. 하지만 막상 뚜껑을 열어보면 기본 문법 지식에 리딩도 잘하는 경우가 상당하다. 말을 못한다고 무조건 초급 단계로 보아서는 안 된다. 영어를 쉽게 배워야 영어가 재미있을 것이라는 생각 때문인지 자신의 영어 실력을 낮춰서 자꾸 낮은 회화 반으로 가려 하는데 자신의 실력보다 낮은 반에 들어가면 영어는 늘지 않는다. 수업을 60퍼센트 정도 알아들을 수 있으면 자기한테 맞는 반이다. 영어는 절대 내 수준보다 낮거나 비슷한 수준으로 배우면 안 된다. 영어 실력이 늘려면 내 실력보다 조금 높은 반에 들어가도록 해라. 그러니 너무 겸손하지는 말자.

영어는 알파벳 발음이 나는 대로 소리를 내지 않기 때문에 알파벳만 안다고 영어를 읽을 수 없다. 더군다나 50퍼센트가 불규칙이라 발음 규칙을 다 안다 해도 영어를 원활히 읽지 못한다. 그러나 성인이 되어서도 영어를 읽지 못한다 해도 걱정할 필요 없다.

가끔 초등학교 1~2학년 자녀를 둔 어머니 중에 아이를 1년을 넘게 영어 학원에 보냈는데도 영어를 한 자도 못 읽는다고 불평하는 분들이 있다. 영어에 얼마나 노출되느냐에 따라 더 빨리 읽는 애들도 있고 그렇지 않은 아이들도 있지만 어린 아이들은 보통 초등학교 3학년 정도부터 영어를 자연스럽게 읽는다. 그러나 성인은 다르다. 성인은 좌뇌로 영어를 배우기 때문에 알파벳만 안다고 해도 주 1회 수업 기준으로 2~3개월이면 영어를 금방 읽을 수 있다. 그러나 좌뇌로 영어를 배우는 것이 좋은 것은 아니다. 영어의 엑센트나 인토네이션(intonation) 등은 우뇌에서 조정하기 때문이다. 그래서 좌뇌 우뇌를 다 사용하여 영어를 배우는 어린 아이들의 발음이 성인보다 좋을 수밖에 없고 성인들의 발음 교정에는 상당한 노력과 시간이 필요하다. 어쨌든 읽는 것은 성인이 빠를 수 있으니 어렸을 때 배움의 시기를 놓쳤다고 영어를 포기하지는 말자.

영어를 조금이라고 읽을 수 있다면 폭넓은 어휘 확보와 발음을 잡는 수단으로 리딩을 시작하자. 어휘를 익히는 데는 생각보다 정확한 발음이 중요하다. 단어를 안다는 것은 발음, 스펠링, 뜻 그리고 품사까지 안다는 것이다. 이것을 한꺼번에 익히기는 쉽지 않다. 그러니 소리 내 읽으면서 일단 영어와 친숙해지는 시간을 가져야 한다. 문장을 완벽하게 이해하지 못해도 된다. 뜻을 기억하지 못해도 좋다. 느낌으로 읽어라. 그리고 당장 수백 개씩 암기하여 많은 단어를 알려고 하는 욕심은 버리자. 가능한 많은 단어를 접하되 친숙해질 정도로만 하면 된다. 친숙해지고 나면 영어 단어는 쉽고 빠르게 습득된다. 영어와 담을 쌓는 방법 중 하나가 영어가 친숙해지기 전에 단어를 수백 개씩 외우고 기억하려 애쓰는 것이다. 그러면 영어가 쳐다보기도 싫어질 것이다.

독해는 됩니다. 말을 하고 싶어요

리딩이 어느 정도 된다면 범위를 넓혀서 리딩을 계속 하자. 시사, 역사, 문화, 문학 등 다양한 분야의 어휘를 읽어나가자. 분야별로 사용하는 어휘와 표현 방법이 완전히 다르다. 영어를 조금 공부한 많은 사람들이 "난 독해는 돼요, 말을 하고 싶어요"라고 한다. 말을 하지 말라는 뜻이 아니다. 그러나 리딩을 중단해서는 안 된다. 독해를 못해서 리딩을 하라는 것이 아니다. 다양한 분야의 옳은 영어를 지속적으로 듣고, 읽어 정황 속에서 어휘와 다양한 표현을 습득하라는 것이다. 그래야만 그 단어를 어떻게 사용하는지 정확하게 알게 되고, 말도 잘할 수 있다.

패턴식 회화는 이제 그만! 스피킹을 토론으로

패턴식 영어 회화는 원리를 모른 채 주어진 것을 익히는 수업으로 6개월이면 끝난다. 그러나 6개월이 지나고 사용하지 않으면 다 까먹게 될 것이다. 기본 구조를 모르기 때문이다. 스피킹보다는 리딩을 계속 이어나가며 리딩한 소재를 중심으로 토론 스피킹을 해보자. 생각보다 어렵지 않다. 그리고 내 생가을 말하니 재미도 있고 생각도 자란다. 영어에는 함축적인 의미를 갖고 있는 단어가 많아 내가 하고자 하는 말을 하려면 여러 단어를 찾아봐야 하는데 이런 단어들을 알면 알수록 매우 흥미로워진다.

말만 하는 것으로 끝내지 말고 읽은 내용이나 토론한 내용을 바탕으로 자신의 생각을 정리해 글로 써보자. 글쓰기는 생각하는 훈련도 되고, 영어로 쓰는 과정을 통해 영문법과 표현 실력도 는다. 내 생각을 쓰는 것이 아직 어렵다면 긴 지문을 받아 써보는 딕테이션(dictation)을 정기적으로 하는 것도 좋다.

영어를 몇 개월 만에 끝낼 수 있다는 말에 현혹되지 말자. 패턴식 영어로만 영어 공부를 하면 밑 빠진 독에 물 붓기다. 영어는 정복할 수 없는 것도 아니지만 그렇다고 몇 개월 만에 쉽게 끝낼 수 있는 것은 더욱 더 아니다. 이왕 공부하는 영어, 깊은 뿌리를 내려 큰 나무가 되도록 공부하자.

진짜
영어 공부법

영국의 글쓰기와 토론

영국이 영어의 종주국이므로 영국의 교육제도를 들여다보지 않을 수 없다. 영국의 교육제도에는 객관식 시험이 없다. 사실 대부분의 서양 교육제도가 그렇다. 학교에서 가르치는 모든 과목의 시험 문제는 기본 지식에 내 의견을 더해 답하는 서술형 질문들로 구성돼 있다.

수업 시간 중에도 선생님의 일방적인 가르침은 없다. 수업은 시작부터 끝날 때까지 선생님과 학생 사이의 질문과 대답이 이어진다. 학생들은 항상 생각하면서 질문에 답할 준비를 하고 있어야 한다. 따라서 영국의 교육은 "왜?" "어떻게?" "그래서, 너의 생각은 뭔데?"를 사고하는 법을 늘 가르친다. 이렇게 생각하도록 하는 교육은 자연스럽게 비판적 사고를 길러내는 교육으로 이어진다.

자신의 논리를 말로 표현하기보다 글로 써 내려가는 것이 훨씬 더 까다롭다. 정해진 분량에 서론, 본론, 결론을 나누어 주어진 시간 안에 논리 정연하게 써야 하기 때문이다. 영국 교육은 초등학교부터 고등학교 졸업 때까지 400자, 600자, 800자 내로 자신의 의견을 쓰라는 유형의 숙제 또는 시험이 주를 이룬다. 사립학교에 입학할 때도 분량이 정해진 에세이(essay) 작성 시험과 구술 인터뷰로 사고력을 테스트한다.

에세이는 단어 수를 다 세서 기록해야 하고, 정해진 분량보다 너무 많거나 적으면 감점된다. 하지만 영국 아이들은 어떤 결론을 낼 때 왜 그런 결론을 내렸는지에 대한 질문이 늘 따라 다니는 수업을 받았고 대답하는 것이 습관이 되어 있어 글로 증명하며 써 내려 가는 것을 크게 어려워하지 않는다.

이러한 훈련을 거쳤기에 초등학교를 거쳐 중학교, 고등학교를 가면 우리나라 학생처럼 따로 논술학원을 다니지 않아도 더 복잡해진 주제에 관해서도 자연스럽게 긴 에세이를 써나갈 수 있게 되는 것이다.

교육에서도 벌어지는 빈부차

공부는 암기가 아니라 '얼마나 생각하느냐'다.
영어 교육도 '암기'가 아니라 '생각'이 함께해야 한다.

그렇다면 한국에서의 영어 교육은 어떻게 진행되어야 할까.

최근 중학교들이 한 학기를 자율학기제도로 운영하기로 하면서 해당 학기 동안에는 지필고사가 없고, 수행평가로 아이들을 평가하도록 했다. 자율학기제의 의도는 아이들이 시험에 구애받지 않고 토론과 발표 중심의 교육으로 자유롭게 자신의 관심 분야와 재능을 탐구하고 개발하라는 것이므로 나름 개선된 제도다. 하지만 전체적인 교육 커리큘럼의 변화 없이 한 학기 제도만 달라졌고, 학년이 올라가거나 고등학교에 올라가면 예전 시험 제도를 그대로 따라야 하므로 아이들은 여전히 자율학기 동안에 학원을 다니며 수학과 영어 시험을 준비한다. 문제는 영어인데 자율학기제에 시험이 없다 보니 영어 학원을 다니지 않는 아이와 영어 학원을 다니는 아이의 실력이 더 벌어져 중학교 2학년에 올라가 학교에서 시험을 보면 성적에서 큰 차이가 나게 된다는 것이다.

중학교 영어 시험은 문법이 중심이고, 문법을 잘 이해하려면 어느 정도의 어휘력과 영어 문장을 접해 봐야 하기에 영어 학원도 다니지 않고, 중학교 1학년 때 시험이 없다며 살펴보지 않은 아이들은 중학교 2학년에 영어 시험을 보고 포기하게 되는 것이다.

그래서 중학교 영어 성적 분포는 영어 학원을 다니는 아이들은 80~90점 대, 영어 학원을 다니지 않는 아이는 30~40점대로 점수 차이가 크게 벌어져 있다.

초등학교 3학년부터 영어를 가르치고, 중학교의 영어 수준도 예전에 비해 많이 높아졌지만 세계화에 어깨를 나란히 하려면 영어 공교육이 한 번 더 도약해야 한다.

나라에서는 "학원에 내몰리는 아이들" "비싼 사교육비"를 운운하며 학원을 사회악으로 규명하고, 학원 운영 시간, 학원 교육비를 통제한다. 그러나 부모님들이 아이들을 학원에 보내지 않도록 하려면 학원을 규제할 것이 아니라 우선 공교육의 질부터 높여야 할 것이다. 그리고 학교에서의 영어 교육도 세계화에 걸맞게 변화해야 한다.

대부분의 학원들이 아이들이 학원을 빠지고 해외 여행을 가거나 연수를 간다고 히면 토요일이고 일요일이고 미리 학원에 보강을 받으러 나오라고 한다. 그리고 부모님들은 교육을 놓치지 않으려고 철저히 학원 규칙에 따라준다. 그러나 여행으로 학교 수업을 빠지게 되면 학교에는 그냥 현장체험학습서 한 장 써서 제출하면 된다. 주와 객이 전도된 교육 현실을 말해주는 단적인 예다.

아이들이 영어에 능통해지고 학교 영어 과목에서 좋은 성적을 거두게 한답시고 영어 학원은 아이들에게 수백 개의 단어를 외우라며 내주고 우월반을 나누어 교육한다. 엄청난 분량의 숙제를 다 해오지 않으면 남아서 다 해야 보내 준다.

아이들은 학원에서 이러한 창피를 당하지 않으려고 학교 수업 시간에 선생님 눈을 피해 학원 숙제를 하다 선생님에게 적발돼 학원 교재를 빼앗기기도 한다. 너무 강압적인 영어 학원의 교육 방법 탓에 영어에 흥미를 잃고 거부반응을 보이는 아이도 상당하다.

나는 이러한 우리나라 교육의 현실을 보며 참으로 답답한 심정이지만 무엇보다도 이 과정에서 아이들의 정서가 망가지고, 배움의 즐거움을 잃게 될까 봐 더 걱정스럽다.

아이들이 학원을 다니지 않게 하고 공교육의 권위를 되찾으려면 분명 공교육의 질이 개선되어야 한다.

영어는 한국의 어순과 정반대로 되어 있고, 50퍼센트 이상이 불규칙

이어서 한국 아이에게는 매우 생소하다. 따라서 늦게 접하면 접할수록 거부반응도 커진다.

아이들의 정서를 다치지 않도록 하려면 영어를 왜 배워야 하며, 배워서 어디에 사용하는 것인지 이해시키고 영어에 대한 거부감을 갖지 않도록 다독이는 과정도 매우 중요하다.

이렇게 한국어와 구조가 다른 영어를 배우면 '결과 중심적인 관점'인 한국어와 '과정 중심적인 관점'인 영어가 합쳐져 넓은 시야가 확보된다는 장점이 있다.

영국에서는 토론 수업(debating)을 보통 중학교 2~3년부터 시작한다. 한 가지 주제를 가지고 찬반을 나누어 논리적으로 각자의 주장을 펼치는데 상대방의 주장이 왜 틀렸는지를 논박할 수 있는 논리력은 만 12세부터 성장하기 때문에 학교에 일찍 들어가는 영국 교육제도를 기준으로 볼 때 중학교부터 논쟁 수업을 하는 것은 적합하다.

나는 토론 교육만큼 생각을 키워주고 영어 실력을 향상시켜 주는 교육은 없다고 생각한다. 어떤 주제를 깊이 생각해 보고, 자신은 어떤 입장을 취할지 정하고, 다른 입장을 가진 사람의 생각을 들어보고, 논박을 준비하여 생각의 꼬리를 물 수 있는 교육은 문제 해결 능력을 키워주는 큰 밑거름이 된다. 이러한 비판적 사고를 키워주는 교육이야 말로 21세기 세계화의 무한 경쟁 시대를 살아가는 우리 아이들에게 꼭 필요한 교육이다.

유대인들이 미국 경제를 이끌고 있고 모든 분야에서 두각을 나타내는 이유도 학교에서나 가정에서 토론교육을 강조해 생각을 멈추지 않도록 하기 때문이라는 것은 잘 알려져 있는 사실이다. 영어와 토론을 결합하면 한국적 시야와 영어적 시야가 확보돼 아이들은 자신의 관점을 확보할 뿐만 아니라 영어로 사고하는 힘이 생긴다.

아인슈타인은 교육은 사실을 배우는 것이 아니라 생각하는 훈련을 받는 것이라고 했다. 생각이 자라도록 공교육에서 토론식 교육을 시급히 도입해야 하며, 영어 교육도 글쓰기와 토론 교육으로 진행되어야 한다.

"Education is not the learning of facts, but the training of the mind to think."

—Albert Einsetin

교육이란 사실을 배우는 것이 아니라 생각하는 것을 훈련하는 것이다.

—알버트 아인슈타인

4차 산업혁명의 6가지 역량 그리고 영어

최근 〈뉴욕타임즈〉가 선정한 베스트셀러인 《최고의 교육(Becoming Brilliant)》이라는 저서에서는 4차 산업혁명의 시대를 살아가는 아이들이 6가지 역량(6C)을 갖출 수 있도록 교육하라고 제안한다. 여기서 제시하는 6가지 역량은 바로 협력(Collaboration), 의사소통(Communication), 콘텐츠(Contents), 비판적 사고(Critical Thinking), 창의적 혁신(Creative Innovation), 그리고 자신감(Confidence)이다.

이 6가지 역량은 비즈니스 리더들이 요구하는 인재 역량과도 일치한다고 한다. 그런데 무엇보다도 이 6가지 역량은 '언어'라는 매개체를 통해 표현된다고 강조한다. 따라서 영어 교육은 패턴화되어 있는 감각언

어나 시험 과목에 그쳐서는 안 되며, 이 시대가 요구하는 6가지의 역량
이 영어 교육에 동반되어 우리 아이들이 글로벌 4차 산업혁명 시대를
맞아 당당하고 자신 있게 그들의 무대를 펼칠 수 있도록 도와야 할 것
이다.

10

바다 건너
영어 이야기

한 번쯤은

어학연수를 떠나는 것처럼 매력적인 것은 없다. 내가 배우는 언어가 모국어인 곳에 가서 어떻게 사용되는지를 직접 듣고 보고 경험하고, 또 그 언어를 공부하러 온 외국 친구와 직접 대화도 해보고, 여행도 다니며 견문을 넓힐 수 있는 기회이기 때문이다.

어학연수는 꼭 가야 하나? 음… 글쎄… 가야 한다. 기회가 된다면. 조금 망설이며 대답한 이유는 최소 한 달이라도 다녀왔으면 하는 바람이지만 한 달이라는 기간 동안에 언어적으로 많이 얻어가는 것은 없다고 생각할 수도 있기 때문이다. 하지만 한 달이라는 짧은 기간일지라도 익숙한 곳을 떠나 그 나라 언어를 사용하며 받는 문화 충격은 자신의 관점을 달리하고 그릇의 크기를 키워주는 매우 임팩트(impact) 있는 시간이 될 수 있다. 뭐든지 때가 있으니 사회인이 되기 전에 한 달이라도 다녀올 것을 권한다.

어렵게 시간을 내 비싼 돈 들여 어학연수를 떠나기로 결정했다면 전략을 세워야 한다. 단 한 번일지도 모를 어학연수에 들어가는 시간, 공간, 돈의 제약을 넘어 효과를 극대화하자.

바다 건너의 아킬레스건

기업에 영어 강의를 하러 가보면 해외에서 1년 이상 어학연수나 워킹홀리데이를 해본 분들이 기초회화 반에 들어오는 경우가 종종 있다. 발음도 좋고, 문화도 잘 알고, 말도 곧잘 하는데 왜 기초회화 반에 들어오는지 이해가 잘 가지 않았다. 그래서 물어보면 다들 공통적으로 하는 대답이 어학연수는 했으나 공부한 지 오래돼서 잘하지 못한다는 거다. 그러나 영어로 말을 시켜 보면 그렇지 않았다. 완벽하지는 않아도 그 정도면 잘하는 편이었다. 기초회화 반에 와서 얻어갈 것이 없다는 생각이 들었다. 그러나 그 분들은 기초회화 반에 꿋꿋이 나왔다. 늘 자기는 영어를 못한다고 생각하고, 불안해했다. 물론 여행을 다니고, 자기 돈 들여 공부할 때의 영어와 돈을 받고 일하면서 사용해야 하는 영어는 다르긴 하지만 불안할 정도는 아니었다.

그런데 문제는 문법이었다. 어학연수에 가서 받는 교육은 다른 분야에 비해 문법이 약하다. 또한 문법을 영어로 설명 듣기 때문에 이해가 부족할 수밖에 없고, 몰라도 질문할 수가 없다. 그래서 영어 실력이 많이 늘고, 영어를 제대로 사용하고 있으면서도 자기가 옳은 문법을 사용하고 있는지에 대한 확신이 없다.

문법에 확신이 없을 때 생기는 문제가 또 하나 있다. 문법을 완벽히 모른다고 생각하면 영어의 완벽한 뼈대가 구축되어 있지 않는 셈이니 더 무거운 벽돌을 올릴 수 없다. 문법을 확실히 모르고 배우는 영어는 내가 사용해 보고 들어본 선까지만 늘고 그 이상 늘지 않는다. 그래서 영어 실력이 제자리에서 맴돌게 된다. 이러한 상황은 본인이 더 잘 느낀다. 그래서 어학연수를 다녀온 후에 어학 실력이 멈춰 있는 것처럼 느껴져 계속 마음이 불안한 것이었다. 문법이 탄탄하게 구축되어 있으면 어떤 문장도 두렵지 않다. 단어는 시간 문제일 뿐이니.

해외 어학연수를 계획하고 있다면 회화를 준비하지 말고, 반드시 문법을 준비하라. 시험용 말고, 영작용 문법을 하라. 문법을 처음부터 끝까지 한 번은 보고 갈 것을 권한다. 어학연수를 가서 레벨테스트를 보면 문법과 라이팅 그리고 스피킹 테스트를 볼 것이다. 앞서 말했지만 한 번밖에 없는 어학연수 기회를 극대화해야 할 것 아닌가. 레벨 테스트를 잘 봐서 영어 레벨이 높은 반에 들어가도록 준비하라. 영어는 내 수준보다 높은 레벨에 들어가야 실력이 늘어서 온다. 그러니 영문법을 처음부터 끝까지 한 번 훑고 어학연수를 떠나자. 어학연수의 굉장한 밑거름이 될 것이다.

학교 vs. 어학연수

교환학생처럼 해외에서 정규 학교를 다니는 것과 어학연수를 받는 것 중 어느 쪽이 영어를 더 많이 늘게 할까? 1년 이내로 다녀 온다면 어학연수가 학교를 다니는 것보다 더 효과적일 것이다. 그러나 그 이상 시간을 보내야 한다면 학교를 다니는 쪽이 훨씬 더 영어 실력을 높여준다.

이유는 이렇다. 말과 글은 습득력을 통해 배우는 거다. 그리고 말만 하는 것은 충분치 않다. 말을 하려면 수사력(rhetoric)이 더해져야 한다. 풍부한 지식과 경험을 갖추고 있을 때 훨씬 더 높은 수사력이 생기는 것은 당연하다. 생활에서 사용하는 영어 수준을 넘어 역사, 경제, 철학, 지리, 사회 분야를 접하게 된다면 다양한 활용과 표현을 배우게 될 뿐만 아니라 지식과 문화가 기반이 된 고급 어휘와 표현을 습득하게 되므로 생활 영어는 당연히 이를 쫓아올 수 없다. 물론 분야가 넓으니 시간이 오래 걸린다. 깊이 파야 하기 때문이다. 하지만 언어는 사고력과 깊은 연관성이 있으므로 지식을 접하면서 깊이 공부하는 영어를 하는 편이 장기적으로 볼 때 영어의 두 마리 토끼를 잡는 방법이다.

만약 초중고나 대학교의 정규과정에 들어가기 전 ESL(English as a second language)를 6개월에서 1년 정도 받아야 한다면 한국에서 최대한 준비해 해외에서는 받는 ESL 코스를 최대한 빨리 소화하고 정규반에 들어갈 것을 권한다. 어차피 학교에 들어가야 한다면 ESL은 길게 할 필요 없다.

기간 정하기

어학연수는 얼마나 받아야 효과적일까? 대학생들이 사회에 나가기 전에 방학을 이용해 기업 인턴쉽을 경험하려 하는 것처럼 학교를 다니면서 해외 경험을 해보는 것은 돈이 들어서 그렇지, 영어 사용에 대한 감을 키우는 데 꼭 필요한 부분이라고 생각한다. 특히 어학 분야는 무조건 한 살이라도 어렸을 때 해야 효과적이다. 영어는 또한 한국어와 정반대 어순이고, 문화도 완전히 달라서 더욱더 현장 경험이 필요하다.

그렇다면 어느 기간 정도의 연수를 다녀오는 것이 좋을까? 2개월,

6개월 그리고 12개월이 떠오르는 숫자다. 비용을 최소로 하면서 여행과 문화를 함께 누리는 연수는 방학을 이용해 2개월 정도 하면 좋겠다. 군대 제대 후 복학 기간까지 시간이 남는다면 6개월 정도까지 최대한 활용할 수 있을 것이다. 그러나 어학연수는 최대 1년 이상은 하지 않는 것이 좋다. 어학연수는 아카데믹하게 배우는 과정이 아니기 때문에 1년 이상 해도 큰 효과를 볼 수 없다.

만약 대학을 졸업하고 1년 정도 어학연수를 떠나려고 생각하고 있다면 조금 욕심을 내서 어학연수를 가지 말고, 전문지식 수료 과정이나 짧은 대학원 과정을 해보는 것이 더 좋을 수도 있겠다. 유럽에는 영어로 수업하는 짧은 대학원 또는 수료 과정이 수두룩하며 비용도 그렇게 비싸지 않다. 지식을 기반으로 하는 영어 수업은 영어 실력을 높이는 면에서 최고의 효과를 볼 수 있다. 영어를 배우면서 전문 지식까지 얻을 수 있다. 물론 이러한 과정을 듣기를 원한다면 영어가 어느 정도 준비돼 있어야 하니 방학 기간을 잘 활용해야 한다.

진짜 영어의 시작

기업 강의를 하다 보면 학창시절에 영어를 배우지 못한 것을 후회하는 분들을 많이 발견한다. 전공 공부하느라, 노느라, 돈 때문에, 자극이 없어서 등등이 영어 공부를 할 수 없었던 이유다. 하지만 사회에 나가 높이 올라가면 올라갈수록 영어가 더 필요하게 되는 것이 현실이다. 대학을 졸업하고 결혼하고 일하기 시작하면 영어 공부를 할 수 있는 시간을 내기가 좀처럼 쉽지 않다. 시간이 있다 할지라도 성인 대상의 수업은 온통 시험 위주의 영어 수업이라 진짜 영어 실력을 키울 수 있는 기관을 찾기도 어렵다.

사회에 나와서 영어 때문에 길이 계속 막히는 경우가 많다. 영어는 하루아침에 되지 않기 때문에 시간이 있을 때 최대한 준비해 놔야 한다. 내가 기업 강의에서 영어를 가르친 한 대기업의 과장님은 영어 때문에 차장 진급에서 두 번이나 떨어져 스트레스가 이만 저만이 아니었다. 영어 때문에 차장 진급에서 두 번이나 떨어지자 영어 시험을 앞두고 영어 시험 예제가 나와 있는 책 한 권을 4개월 동안 통째로 다 외워버려 겨우 진급 시험을 통과할 수 있었다. 진급은 됐으나 그 노력과 시간이 그 분의 영어 실력을 키우는 데는 전혀 도움이 되지 않아 안타까웠다.

영어의 진가는 고등학교를 졸업한 다음부터 나타난다. 대학 생활 중에 초중고 때 쌓아 놓은 영어를 정교하게 연마해야 한다. 충분히 그럴 수 있는 시간과 기회가 있을 때 시작해야 한다. 성인이자 학생인 대학생은 무엇이든 할 수 있기 때문이다.

해외 연수 없이
영어에 능통한 사람들의 공통점

언어에 능통해지기 위한 시간

앞에서도 언급했듯이 언어학자에 따르면, 한 언어에 능통해지려면 최소 3000시간을 투자해야 한다(사실 한국어는 영어와 완전히 상반되는 언어이기 때문에 우리나라 사람이 영어에 능통해지는 데는 더 많은 시간이 필요하다). 우리나라 공교육이 제공하는 영어 교육시간은 980시간이다. 따라서 영어에 능통해지기까지 학교 수업 외 최소한 2000시간의 별도 교육이 필요한 셈이다. 일주일에 세 시간을 영어에 투자하면 약 20년이 걸려야 3000시간이 채워진다. 2000시간을 채우는 데는 15년이 소요된다. 그렇다면 이 시간 동안 어떤 방식으로 영어에 노출시켜야 가장 효과적일까.

흔히 수험 영어와 일반 영어는 다르다고 생각한다. 회화 중심의 영어 교육을 하면 당연히 수험 영어를 잘할 수 없다. 구어체와 문어체는 완전히 다르기 때문이다. 그렇다면 문어체 중심으로 영어를 공부했을 때는 회화를 잘할 수 없게 되는 것일까. 그렇지 않다. 문어체 중심으로 영어를 공부했는데 회화를 잘 못하는 가장 근본적인 이유는 첫째 3000시간이라는 충분한 시간이 투자되지 않았기 때문이고, 두 번째는 이 시간 동안 효과적인 영어습득 방식에 노출되지 않았기 때문이다.

그렇다면 회화와 수험 영어 두 마리 토끼를 다 잡는 효과적인 영어 노출 방법은? 바로 '리딩'에 있다. 최근 한국을 방문한 미국 언어학자이자 서던 캘리포니아대학교의 스티븐 크라센 명예교수는 평생 외국어를 어떻게 잘 습득할 수 있는지를 연구했다. 그는 외국어를 잘할 수 있는 '비결은 책 읽기에 있다'고 주장한다. 그의 주장은 저서 《크라센의 읽기 혁명(The Power of Reading)》을 통해 국내에도 널리 알려졌다. 나는 스티븐 크라센 교수님의 주장에 전적으로 동의한다. 나도 어린 시절 해외에서 학교를 다닐 때 해외에 살면 영어가 자동으로 느는 줄 알았는데 1년이 지나도 그다지 영어가 느는 것 같지 않아 답답했다. 그런데 모든 학교에서 영어로 수업을 받고 교재가 다 영어로 돼 있다 보니 수없이 많이 책을 읽게 되었다. 2년 정도가 되니 귀가 트이고 말이 트였고 영어에 투자한 시간이 약 3000시간을 지나면서부터 불편하지 않게 영어를 할 수 있게 되는 경험을 했다. 이 시간 동안 절대 말을 많이 해서 영어를 잘하게 된 것이 아니다. 수많은 리딩을 통해 정황과 함께 문장과 단어가 충분히 입력되면서 말은 물론이고, 글도 자연스럽게 쓸 수 있게 되었다.

그들이 영어를 공부하는 방법

나는 사회생활을 하면서 대학시절에 어학연수를 1~2년 한 친구와 어린 시절 해외에서 학교를 다닌 친구, 국내에서 나 홀로 영어를 공부한 친구 등 다양한 배경의 사람을 만나 보았는데, 놀랍게도 외국에 한 번도 나가보지 않았는데도 영어를 능통하게 사용하는 친구들을 꽤 많았다.

그리고 그들이 갖고 있는 공통점이 한 가지 있었는데 늘 원서로 된 소설이나 관심 분야의 원서를 끼고 다니며 읽는 것이었다. 여기서 영어를 능통하게 한다는 것은 감각 회화뿐 아니라 리딩과 함께 자기의 생각을 영어로 쓰는 에세이, 그리고 생각을 정리해서 말하는 인지 회화 능력까지를 말한다.

효과적인 영어 습득 방법 1단계는 분명히 리딩이다. 리딩을 통하면 따로 단어를 암기할 필요가 없다. 정황 속에서 단어를 자연스럽게 접하기 때문에 단어의 뜻을 쉽게 이해하고 매우 효과적으로 습득하게 된다.

소설을 읽으면 행동을 묘사하는 동사와 다양한 형용사가 나오고 또 그 단어들이 정황 속에서 반복적으로 나오므로 자연스럽게 그 단어의 의미를 파악하며 익히게 된다. 또한 소설에는 대화체도 나오고 마음속으로 생각하는 문체도 나와 다양한 표현법을 배울 수 있다. 지식 전달을 바탕으로 하는 글을 읽으면 각 분야별 개념을 전달하는 풍부한 명사를 만나게 된다. 특히 영어에는 명사의 수가 매우 많다. 풍부한 명사를 접하면 지식도 쌓인다. 시사적인 내용을 읽으면 비판적 사고를 접하게 돼 다양한 관점이 생긴다. 생각을 다각도로 하면 단어들이 정황과 함께 머릿속에 더 오래 남는다.

리딩에 재미 붙이기

어휘가 부족하여 원서로 된 소설을 읽기가 부담스럽다면 이미 알고 있는 내용을 영어로 된 원서로 읽거나 영화로 만들어진 소설책을 선택하여 그 영화를 미리 보고 소설책 읽기를 시작하는 것도 좋은 방법이다. 소설은 영화의 모든 장면을 글로 표현해 놨기 때문에 영화에서 본 장면들과 소설의 내용을 맞춰가는 재미도 있고, 글을 이해하기도 쉽다. 또는 이미 내용을 다 알고 있는, 좋아하는 외국 영화를 자막을 영어로 설정하고 여러 번 보는 것도 리딩 효과가 있다. 내가 친숙한 것 또는 아는 내용의 글을 읽으면 이해가 쉬워 영어 책 읽기에 금방 재미가 붙을 것이다. 다양한 글을 읽으면 견문도 함께 넓힐 수 있어 문화에 대한 능통성도 더불어 갖추게 된다.

처음 영어로 된 글을 읽을 때 모르는 단어를 꼭 다 찾아 보면서 읽을 필요는 없다. 문장이 완벽히 이해가 안 가도 된다. 조금 쉬운 것부터 읽어 나가되 완벽하게 이해하려 하지 말고, 자주 많이 접하는 것에 의미를 두자. 질보다 양이다.

우리는 '무엇을 위해 그토록
영어를 공부하는가'

점수는 목표가 아니다. 점수는 따라오는 것이다

우리가 무엇을 위해 영어를 공부하는지는 한 번쯤은 깊이 생각해볼 필요가 있다. 초등학교 때는 외국인과 대화하겠다는 꿈을 갖고 영어를 시작한다. 중학생과 고등학생들은 학교 영어 과목과 수능에서 높은 점수를 받고자 영어에 매달린다. 대학생들은 취업문을 두드리기 위해 매일 수업을 마치고 토익 영어 학원을 찾는다. 이 모든 것이 영어를 공부하는 한 가지 이유가 될 수 있을지는 모르겠으나 영어를 공부하는 진짜 이유는 결코 될 수 없다.

한국에 영어 학원이나 영어 과외가 없던 시절 부모님을 따라 해외에서 학창시절을 보낸 경험 때문에 난 대학 때부터 늘 영어를 가르쳐달라는 제의를 많이 받았다. 20대 때는 영어 선생을 커리어로 생각하기도 했다. 아버지도 늘 나에게 선생이 되라고 하셨다. 하지만 난 그 당시 영어만 가르치며 살고 싶지 않았다. 영어를 가르친다고 생각하면 한국에서 고등학교 영어 수업을 경험한 탓인지 늘 앵무새가 떠올랐고, 학생들을 그렇게 만들고 싶지 않았기 때문이다.

그런데 영어를 가르치기로 결정하게 된 주된 계기는 내가 가르치는 것을 좋아한다는 것을 알게 되었고, 영어가 사람들에게 단순 툴(tool)이 아닌 툴박스(tool box)가 될 수 있다고 확신했기 때문이다. 영어를 통해 우리가 얻을 수 있는 것은 시험 점수, 외국인과의 대화뿐만이 아니다. 헤아릴 수 없는 가치가 있다. 그 가치를 찾고 그 목표를 이루려면 영어 공부에 눈을 떠야 한다.

영어의 힘

영어를 배우는 가장 기본적인 이유는 세상을 더 넓게 바라보고, 인류를 더 깊이 이해하기 위함이다. 너무 거창한가? 그렇지 않다. 난 이것이 바로 영어가 갖고 있는 힘이라고 생각한다. 특히 영어는 세계를 정복한 언어다. 영어를 통해 우리는 세상을 보는 통찰력을 얻을 수 있다. 이를 위해 우리는 먼저 영어라는 언어의 큰 틀을 세워야 한다.

영어는 어원이 게르만어여서 독일어와 어순과 문법 구조가 비슷해 독일 사람들은 영어를 쉽게 배운다. 독일 초등학생 아이들을 만나 영어로 대화해 보면 초등학생인데도 정확한 문법과 상황에 맞는 옳은 시제를 사용하는 것을 확인할 수 있다. 어순은 비슷해도 문법 구조가 다른 핀란드, 스웨덴과 같은 나라의 아이들도 초등학생 때는 올바른 시제를 사용하며 영어를 잘 구사하지는 못 하지만 고등학생이 되면 정확한 문법과 어순을 사용하며 결국 영어에 능통해진다.

그런데 우리나라 영어 교육은 거꾸로 가고 있다는 생각이 들 때가 종종 있다. 부모들은 어린아이들은 대학 입시까지 시간이 많이 남았으니 말부터 잘하게 하고 싶다는 생각에 무조건 단순 회화 수업을 지향하고, 중학생, 고등학생이 되면 어쩔 수 없이 방향을 바꿔 시험 중심의 단순 독해와 문법으로 영어 교육을 시킨다. 그러니 고등학생이 되도 영어의 언어다운 성장은 확인하기가 어렵다.

영어를 좀 한다는 우리나라 초등학생이 영어로 말하는 것을 들어보면 올바른 시제를 사용하지 못하고, 어순도 맞지 않는다. 당연하다. 영어는 한국어와 어순이 정반대이므로 평소에 한국어를 사용해야 하는 한국 아이는 영어 향상에 많은 제약을 받는다. 그런데 틀린 어법이라도 영어를 몇 마디 하게 하는 것을 한국의 부모님들은 좋은 영어 교육이라고 생각하는 경향이 있다. 하지만 영어는 표현의 범위가 워낙 다양하고, 어휘도 세계에서 가장 많아 시간이 지날수록 많은 것을 담아야 하는데 이를 위한 기초공사를 탄탄하게 하기보다 초등학생들에게 말만 하는 영어를 가르치는 것이 안타깝다.

영어가 우리나라 말과는 완전히 다르다는 것을 인지하고 지속적으로 영어 구조를 파악할 수 있도록 초등학생 때부터 개념 중심의 영어 교육을 할 필요가 있다.

중학교 때는 논리적인 사고를 바탕으로 영어의 구조화에 더욱더 힘을 써야 하고, 고등학생이 되면 화려한 수사력을 바탕으로 그동안 쌓아온 영어 실력이 통합돼 말하고 글을 쓸 수 있는 능력을 갖춰야 한다.

난 영어를 가르칠 때 어린아이들에게 단순 암기를 하라고 시키지 않는다. 아이들에게 개념을 설명하고, 이해하고, 배운 단어들을 정리하게 하여 그 단어의 깊이를 먼저 이해하게 한다. 그리고 이 단어들이 점점 쌓이면서 자연스럽게 습득될 수 있도록 기다린다.

이렇게 교육하는 내가 못 마땅하셨는지 한 번은 내가 가르치던 초등학생 어머님으로부터 전화가 걸려온 적이 있다. 왜 아이에게 단어를 외우는 숙제를 내주지 않고 매일 단어 시험도 보지 않느냐는 것이었다. 다른 학원은 매주 수백 개씩 단어를 암기하도록 시키고 매일 시험을 보는데 이렇게 단어를 외우게 하지 않아 불안하다는 것이었다.

중학교 2학년 때 나를 찾아와 영어를 공부하기 시작한 한 아이는 영어 시험 문제를 풀게 했는데 다 맞았다. 그래서 왜 이게 정답인지 설명해 보라고 했더니 전혀 하지 못했다. 어떻게 공부해야 할지 몰라 중학교 영어 선생님께 여쭸더니 무조건 다 외우라고 하셔서 다 외어서 문제를 풀었다는 것이다.

역류시키다

영어에 리거지테이트(regurgitate)라는 단어가 있다. 이 단어는 "역류시키다"라는 뜻으로 "사실 또는 읽은 것을 자기 생각이나 비판적 사고 없이 그대로 뱉어내다"라는 뜻을 갖고 있는 부정적 의미이다. 우리가 단어를 단순 암기하면 우리는 그저 리거지테이트하게 될 뿐이다.

언어는 기억력으로 하는 것이 아니다. 습득력으로 하는 것이다. 시험을 앞두고 시험 범위에 나오는 단어를 암기하는 것은 점수에는 의미가 있을 수 있겠지만 영원히 단어를 내 것으로 만들어야 하는 아이를 경직되게 만들어 영어 습득에도 효과적이지 않다. 무엇보다도 정황과 함께 습득되지 않은 단어는 필요한 상황에 잘 떠오르지 않기 때문에 응용과 활용에 비효율적이다.

지금 내가 가르친 초등학생들이 자라 중학생이 되고, 고등학생이 되어 있다. 수백 개의 단어를 외우지 않고, 개념을 중심으로 공부하고 정리한 아이들은 그 단어들을 자연스럽게 습득해 단어의 쓰임을 깊이 이해하고 있다. 대화하고 글을 쓸 때 그 문화를 이해하고 적절하게 표현하는 것을 확인할 수 있었다. 그리고 무엇보다도 더 중요한 것은 영어의 기초 공사가 잘돼 있어 그 위에 어떤 지식, 경험, 그리고 그 어떤 세상을 올려놓아도 흔들리지 않는 자신감을 갖고 있었다.

어릴 때는 영어에 흥미를 갖고, 개념을 익히며 영어의 큰 틀을 세워나가는 작업을 해야 한다. 영어는 하면 할수록 어렵고 복잡한 언어다. 깊이 파면 팔수록 그만큼 세상을 볼 수 있는 틀이 단단해진다. 초등학교 때 한 마디 말을 더 하고 단어 하나를 기억하는 것은 중요한 것이 아니다. 영어를 통해 세상을 볼 수 있는 넓은 시야와 인류를 이해할 수 있는 기초를 튼튼하게 세우는 것이 우선되어야 한다.

고지식함으로부터의 탈출

그 누구도 고지식한 사람이 되고 싶어 하지는 않을 것이다. 그러나 제한된 공간에서 제한된 일을 하면서 오랜 시간 열심히 살다 보면 나도 모르게 고지식한 사람이 되어 있을 수 있다. 영어는 사람을 고지식함에서 벗어나게 해준다. 난 영국에서 초등학교를 다니면서 못하는 영어로 학교의 수업을 따라가는 것이 너무 버겁게 느껴져 처음에는 영어를 배우는 것 자체가 큰 스트레스였다. 그래서 그때는 영어가 어떤 힘을 가지고 있는지 잘 알지 못했다. 그런데 영어가 어느 정도 익숙해지면서 불어를 제2외국어로 배우게 되었는데 불어가 영어와 같은 알파벳을 사용하면서도 다르게 발음되는 것을 보고 같은 것을 다른 관점으로 볼 수 있다는 것을 알게 되었다. 그리고 중학교는 독일 학교를 다니면서 제2외국어로 독일어를 했는데 남성, 여성, 중성까지 있는 독일어 명사를 접하며 매우 당황스러웠지만 사물에는 당연히 성이 없다고 생각하던 나의 편견을 깰 수 있었다. 이렇게 여러 언어를 접해 보고 다시 영어를 자세히 들여다보니 영어와 한국어에 담겨 있는 가치가 매우 다르다는 것이 눈에 띄었다. 영어는 명사가 단수인지 복수인지를 따지고, 동물에도 인칭대명사를 사용하고, 친척 관계에 대한 호칭이 한국에 비해 매우 단순하지만 시간적 개념은 한국어보다 훨씬 더 다양하고 또 정교하게 표현된다는 것, 그리고 사람 간의 관계에서 나이에 상관없이 서로 이름을 자유롭게 부르는 것 등을 알게 되면서 내가 당연하고 맞는다고 생각하던 것들이 그렇지 않을 수도 있고, 틀릴 수도 있다는 것을 깨달았다.

새로운 문화에 대한 환영

이처럼 어떤 언어가 모국어냐에 따라서 우리의 가치관도 달라진다. 영어는 나의 편견을 깰 수 있도록 해줌으로써 내가 새로운 문화를 접해도 거부하거나 두려워하지 않게 해주었다. 분명 그 문화 뒤에는 내가 모르는 가치가 있고, 그 가치가 만들어지기까지 이어온 역사가 있다는 것을 알았기에 최대한 존중하고 그것을 이해하고 탐구하려는 자세를 습득할 수 있었다.

영어를 통해 자신이 편견을 가질 수 있다고 인정하게 되고, 배우고 탐구하려는 자세는 삶에서 많은 사람을 만날 수 있는 기회를 열어준다. 영어 덕분에 새로운 세상으로 초대된 나는 인종과 문화를 넘어, 가치관이 다른 다양한 사람들과 교류하며 그들의 다양한 관점들을 볼 수 있는 기회를 얻었다.

향상된 문제 해결 능력

이 시대가 찾고 있는 인재는 지식을 많이 갖고 있는 자가 아니라 깊은 사고력 즉 인지능력과 문제 해결 능력을 갖춘 자다. 주어진 일은 대부분 잘할 수 있지만 문제가 발생했을 때 해결책을 제시하는 일은 누구나 할 수 있는 것이 아니다. 하지만 문제 해결 능력이야말로 모든 분야에서 가장 필요로 하는 능력이다. 영어를 한다고 해서 그렇지 못한 사람보다 문제 해결 능력이 무조건 더 좋다고 할 수는 없지만 한국어도 하고 영어도 하는 이중언어사용자인 바이링구얼(bilingual)은 이 부분에서 분명 유리하다.

두 가지 언어를 능통하게 사용하는 경우에는 생각할 일이 생기면 어떤 언어를 사용해 생각할지를 고민하게 된다. 그리고 두 가지 언어로 생각하는 과정 가운데 '문제 해결 능력'과 '비판적 사고'를 담당하는 전두엽이 활성화돼 실제로 이 두 가지 능력에 좋은 영향을 끼치게 된다. 또한 결과를 중요시 여기는 한국어 사용자와 과정을 중요시 여기는 영어 사용자의 두 관점을 다 갖고 있으므로 더 넓은 시야와 범위에서 사고할 수 있는 조건을 갖추게 된다.

소통은 삶 그 자체다

대학교를 조사하려고 네덜란드를 방문한 적이 있다. 유럽의 여러 대학은 모국어가 영어가 아니라도 벌써 수십여 년 전부터 대부분의 수업을 영어로 진행하고 있다.

　유럽 대학에는 미국처럼 큰 종합 캠퍼스에서 하는 강연식 수업이 많지 않다. 대부분 단과대학별 소규모이며 강연보다는 토론 중심 수업으로 진행하면서 학생들이 자유롭게 사고하며 소통할 수 있는 분위기를 만드는 데 많은 노력을 기울이고 있다.

　그런데 이러한 노력 중에서 네덜란드 대학이 시행하는 한 가지 정책을 듣고 나는 깜짝 놀랐다. 학생들이 권위적이지 않은 분위기 속에서 자유롭게 토론할 수 있도록 하려고 네덜란드 대학에서는 학생들이 교수님을 부를 때 교수님이라는 명칭을 과감하게 사용하지 못하게 하고 이름으로 부르도록 한 것이다. 영어라는 언어가 수평적인 언어이기 때문에 직장 상사도 그렇게 부르는 것은 잘 알고 있었지만 그래도 '학생과 가르치는 사람의 관계인데'라는 생각에 좀 당황했었다. 하지만 대학에서는 교수의 권위가 학생들과의 소통에 큰 방해가 된다고 생각하여 내린 결정이라고 했고, 학문의 발전과 학생들의 배움이 권위적 분위기에 묻히지 않도록 교수라는 직함을 제거하는 것이 꼭 필요한 조치였다고 했다.

　소통은 한 사회가 직면해 있는 문제를 해결하고 발전하는 면에서 정말 중요하다. 문제는 늘 사람 사이에서 발생한다. 웬만한 문제와 갈등은 소통으로 해결될 수 있다는 기사와 글을 읽은 적이 있다. 원활한 소통은 말로만 가능한 것이 아니라 상호간 대등하고 존중하는 분위기에서만 가능하다.

　이 부분에서 한국어는 참 취약하다. 한국어는 구조상 상하관계를 구분하도록 되어 있어 원활한 소통이 참 어렵다는 것을 느낀다. 문화적으로도 상하관계를 따지는 요소가 다양하게 있어 소모적일 때도 많다. 형제 간의 상하관계, 사회에서 나이에 따른 상하관계, 친척 간 상하관계,

직급에 따른 상하관계 등을 인지하며 사용하는 언어는 원활한 소통에 큰 장애물이 된다.

윗사람은 낮은 사람에게 홀대해 말할 수 있고, 아랫사람은 홀대하는 말을 듣고도 그러려니 하고 지나가야 한다. 그러다 보니 학교에서 선생님도 아이들에게 거친 말을 하고, 명절이 되면 가족끼리 모였는데도 소통이 되지 않아 친척과 관계가 멀어진다. 결국 이러한 언어 구조는 국민의 의식 수준과 문화 수준의 발전을 저해하는 역할을 한다.

영어로는 나이 많은 할아버지와 일곱 살짜리 어린 아이 간에도 동등한 대화가 오고가는 것이 가능하다. 회사에서도 상사를 이름으로 부를 수 있으니 상하관계 안에서도 권위적이지 않아 소통이 원활하도록 도와준다. 윗사람도 아랫사람을 존중해 줌으로써 완벽하게 보일 필요가 없으니 긴장감도 덜하다.

한국 사람끼리 영어를 사용할 수는 없겠지만 이러한 수평적 문화와 소통 능력을 한국 문화에 적용할 수 있을 것이라는 생각이 든다. 최근 우리나라 대기업인 A기업이 조직 내의 원활한 소통을 위해 상하관계의 권위를 깨고 역할만 남을 수 있도록 직원끼리 직급으로 부르지 말고 이름에 '님'을 붙여 부르게 했다는 이야기를 들은 적이 있다. 그 회사의 회장님도 회장님이라 부르지 않고, 이름에 '님'을 붙여 부른다고 한다. 다른 C기업에서는 '님'이라고 붙이는 것도 번거로워 아예 영어 이름으로 서로를 부른다고 한다.

이처럼 영어의 구조를 깊이 깨닫고 수평적 관계를 알게 됨으로써 마인드가 달라지고 삶의 질도 올라갈 수 있다. 언어와 기술은 발달되어 있다 할지라도 영어의 구조를 함께 깊이 깨닫지 못하면 그 사람의 마인드와 삶의 질은 당연히 그대로 머물 것이다.

컴프리헨션 능력

영어로 말만 잘하는 것은 아무 소용이 없다. 영어로 상대방과 소통하려면 정치, 사회, 역사, 경제 등의 배경 지식을 함께 배워야 한다. 진정한 소통이 가능하려면 수평적 관계가 되어야 한다. 수평적 관계란 상대방에 대한 존중과 인지 능력이다. 상대방을 이해하려면 우리는 그들의 다양한 배경을 알아야 한다. 배경을 안다는 것은 그만큼 나의 지평이 넓다는 것을 말한다. 이에 따라 영어를 사용할 수 있는 지평도 함께 넓어지는 것이다.

영어로 세계 역사를 배우면 영어로 된 지명, 인종, 종교, 사상과 개념을 그들의 관점에서 이해하게 되므로 현재의 오늘이 해석된다. 그리고 이에 따른 많은 지식과 지혜가 쏟아져 들어온다. 영어로 문학 책을 읽으면, 시대를 뛰어넘는 문화와 매너 그리고 다양한 삶의 가치를 접하며 폭넓은 인지 능력을 키우게 된다. 영어를 정치 사회 경제를 배경으로 공부하면 의식 수준이 높아지고, 더 많은 세계 문제를 대화의 소재로 삼아 이야기할 수 있게 된다.

단순히 말을 잘하는 게 중요한 게 아니다. 상대방의 말을 듣고 그 사람을 충분히 이해하고 소통하려면, 컴프리헨션(comprehension) 능력을 키우는 것을 영어를 공부하는 목적으로 삼아야 한다. 컴프리헨션 능력은 어떤 것의 배경을 완전히 이해하는 것이다.

우리는 인생을 살면서 늘 많은 문제를 만난다. 그런데 영어라는 언어가 사람에게 단 하나의 툴이 아닌 툴박스가 되어줄 수 있다면 그만큼 시간과 노력을 투자할 가치가 있지 않겠는가.

chapter 3

더 빅 픽쳐
(The Big Picture)

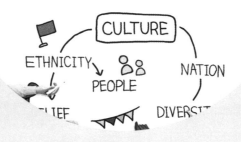

교육 빼고
다 좋은 나라

라이프 스타일 Vs. 교육

우리나라에 온 해외동포나 외국인을 만나 얘기하다 보면 한국에서 살고 싶다는 말을 종종 한다. 한국은 교통도 편하고, 인터넷도 빠르고, 먹을 것도 풍부하고, 라이프 스타일이 세련돼 있어 그 어느 나라보다 살기 좋은 나라라고 말한다.

한 네덜란드 친구는 군대 간 한국 남자친구를 기다리는데 남자친구가 제대하면 결혼해서 한국에서 살 것이라고 했다. 대학원에서 만난 미국 친구는 벌써 한국에서 5년째 살고 있는데 컴퓨터 엔지니어인 자기 동생도 한국 여자와 결혼해 한국에서 살고 있다며 미국보다 아내의 나라 한국이 더 살기가 좋아 한국에서 살기로 결정했다고 했다. 한국에 영어를 가르치려고 온 한 캐나다 친구는 한국을 떠나면 일을 찾아 미국으로 가야 하는데 한국이 훨씬 살기 좋다며 한국에서 계속 일을 할 수 있기를 바랐다.

이처럼 우리나라는 라이프 스타일을 외국인도 한국인도 좋아하는 그런 나라가 되어 있다. 하지만 마지막에 하나같이 꼭 덧붙이는 말이 있는데 아이만은 한국에서 키우고 싶지 않다는 것이다. 한국에서 비싼 국제학교를 보낼 수는 없고, 한국 학교를 보내야 하는데 입시에 시달리는 아이들을 보면 너무 불쌍하다고 했다.

열심히 하는 만큼 한국의 공교육이 아이들을 우수한 인재로 만들어 준다면 그래도 할 만하지만 한국의 초중고 교육제도는 극소수에게만 맞는 교육제도다. 대부분의 아이들은 그 교육을 통해 괜찮은 교육 효과를 얻지 못하기 때문에 소모적인 교육으로 느껴질 수밖에 없는 것이다.

넌 참 다행이다

초등학교 때부터 입시 준비에 들어가는 한국의 아이들. 실제로 공부할 양이 무척 많고 어려워서 초등학교 5학년부터 입시 모드로 들어가지 않으면 고등학교에서 좋은 성적을 받기 쉽지 않고 고등학교 내신 점수가 좋지 않으면 수도권 대학 입학이 어려워 너도나도 공부에 매달린다.

영어를 가르칠 때도 누구 장단에 맞춰야 할지 난감할 때가 많다. 초등학교 아이들은 발육 속도가 다 달라 이해력도 아이에 따라 큰 차이가 나는데 아이의 성장 속도를 고려하지 않고, 입시 때문에 마냥 밀어붙여야 한다. 초등학교 고학년부터는 아이가 재미를 느낄 때까지 기다려 주는 부모님이 많지 않다. 아이들의 영어 교육을 학교에서 해결해 주지 못하고, 사교육으로 해결해야 하니 아이들은 바쁘고 부모님의 돈은 축난다.

우리나라에서 중학교 3학년이 되면 어느 고등학교를 갈지 고민하기 시작한다. 그런데 어떤 고등학교를 갈지를 정하는 아이들의 선택 기준을 듣고 있으면 정말 마음이 아플 때가 많다. 중3이 되면 내신 성적을 기지고 일반고를 갈지 자사고를 갈지 또는 특성화고를 갈지 결정하는데 내 마음을 아프게 만드는 이유는 대학을 갈 때 필요한 내신 등급을 높게 받기 위해 일부러 낮은 고등학교를 선택해야 할지 아니면 중학교 성적이 좋은 아이들만 갈 수 있는 우수 고등학교를 가야 할지를 놓고 고민한다는 현실 때문이다.

중학교 성적이 좋은데도 일반고등학교를 갈지 고민하는 아이들이 있는 이유는 고등학교 내신 성적이 높게 나와야 좋은 대학에 입학할 수 있기 때문이다. 일반고등학교에 입학하면 아무래도 자신보다 학업 실력이 떨어지는 아이들과 겨루므로 높은 등급을 쉽게 받을 수 있다는 해석이다. 중학교 선생님에게 고등학교 입학상담을 요청해도 비슷한 대답을 한다. 공부 잘하는 고등학교에 가서 내신이 잘 나올 자신 있으면 가라고. 하지만 그럴 자신 없으면 일반고등학교에 입학해 내신에서 높은 등급 받아 좋은 대학에 갈 수 있도록 하라는 것이다. 사실상 일반고등학교에 가서 학업 능력이 떨어지는 친구들을 들러리로 세워 좋은 대학에 입학하라는 말이나 다름없다.

친구를 사랑하고, 배려하고, 감성을 나눠야 할 사춘기 아이에게 친구를 이용해 좋은 대학을 가라고 한다는 말을 들으면 참 민망하다. 우수한 대학에서 공부할 아이들이 결국에는 이 사회를 이끄는 자리에 있을 확률이 높은데 이러한 고등학교 환경에서 3년을 보내면서 형성된 인성으로 이 사회를 어떤 방향으로 이끌고 나갈지도 심히 우려된다.

해외로 발령을 받아 그 나라에서 학교를 다닐 아이들의 입학 시험 준비를 도와준 적이 있는데 이러한 아이들을 마주하면 나도 모르게 "넌,

참 다행이다" 하는 안도의 마음이 든다. 그리고 그 아이의 부모님도 아이의 교육이 해결됐다는 기쁨에 차 있는 것을 목격한다. 해외에서 당연하게 받는 행복한 교육이 왜 우리나라에서는 이렇게 힘든 것일까.

　교육기관은 평가하는 곳이 아니다. 아이의 재능을 키워주고 생각하는 힘을 길러 주며 즐겁게 배울 수 있도록 해주는 곳이어야 한다. 아이들이 인격적인 대우를 받고 경쟁이 아닌 협동과 배려가 있는 안정된 환경이어야 배움의 즐거움을 느낄 수 있는데, 우리 아이들은 늘 불안한 환경 속에서 상대평가라는 비교하에 있으니 배움의 즐거움은 사라지고, 오로지 내신과 등급에 대한 걱정뿐이다. 대학과 학벌이 이토록 아이들을 조여 매고 있는 것이다.

학교를 떠나는 선생님

　아이들은 중학교에 들어가면 학교에 대한 불만, 선생님에 대한 불만을 입에 달고 산다. 학교 선생님들은 반대로 거친 아이들을 대하며 나름대로 어려움을 호소한다. "그러면서 크는 거야" 하며. 어쩌면 이러한 현실을 대한민국의 숙명인 것처럼 당연하게 받아들이고 있는 것은 아닌지 모르겠다.

　꼭 대학을 가지 않아도 되는 사회를 만들려면 초중고 교육이 아이들 중심의 교육이 되어야 한다. 그러나 우리나라 교육의 현실은 그렇지 않다. 대학교 졸업장이 없으면 한국 사회에서는 살기 힘들다는 것을 인정하며 어떻게 해서든 아이들을 대학에 보내려고 한다.

　'교육'은 변화하는 이 시대를 반영하면서, 창의력과 비판적 사고를 키워주는 곳이어야 하는데 정부는 뚜렷한 교육 목적과 목표 없이 '변별력'

이 중심이 된 입시제도만 얄팍하게 계속 바꿔나가고 있는 듯하다.

아이들은 교육에서 상처받으면서 성장해 사회에 나가고 있다. 우리의 '행복 지수'는 상치받은 학창 시절과 무척 깊은 연관성이 있는데 사회에서 느끼는 불행을 해결하기 위해 우리는 엉뚱한 곳에서 해결책을 찾으려고 하며 불행을 되풀이하고 있는 건 아닌지 모르겠다.

한 번은 취업 준비를 하고 있는 전직 고등학교 선생님에게 영어 지도를 했다. 고등학교에서 아이들을 지도할 때는 시간이 멈춰 있는 것처럼 소모적이었고 선생이라는 자부심도 느낄 수 없어 그만두었다고 했다. 최근 젊은 선생님들이 학교를 떠나고 있다는 기사를 읽은 적이 있다. 아이들을 입시로 내모는 것도 싫고, 정해진 루틴 속에서 계속 되풀이되는 삶을 살고 싶지도 않다는 것이다.

세계 최고의 교육으로 유명한 핀란드는 교육이 국민들의 행복에 얼마나 중요한 요소인지를 깨닫고 1940년 2차 세계대전 때 많은 시련을 겪은 후 교육을 크게 개혁했다. 그리고 현재 선생님, 아이들, 부모님 모두 핀란드에 사는 것이 행복한 이유는 교육 제도 때문이라고 자랑한다.

우리나라도 정권이 바뀔 때마다 대학 입시 제도만 얄팍하게 바꿀 것이 아니라 정말 아이들이 즐겁게 배울 수 있는 교육 개혁을 해야 한다. 교육을 제공하는 학교는 아이들을 평가하는 곳이 아니다. 학교는 아이들을 위한 곳이며, 아이들이 배우는 곳이며, 삶의 행복을 결정짓는 곳이다.

진짜 교육

숙제가 없는 아이들

핀란드의 아이들은 피사(PISA, Program for International Student Assessment, 국제학생평가프로그램)의 수학과 리딩 분야에서 우리나라와 1~2위를 다툰다. 그러나 핀란드 교육의 성공이 전 세계적으로 유명한 이유는 피사에서의 좋은 성적 때문이 아니라 핀란드의 아이들이 행복하다는 점에 있다.

특히, 피사에서 비슷한 성적을 내는 핀란드의 아이들이 공부하고 있는 교육 환경과 우리나라의 교육 환경이 매우 대조적이라는 점에서 핀란드의 교육을 주목할 만하다.

핀란드와 한국의 교육을 간략하게 비교해 보았다.

핀란드의 교육	한국의 교육
피사 성적 1~2위	피사 성적 1~2위
13세까지 학교 숙제가 없음	밤늦도록 학원 다니느라 정신을 못 차림
핀란드 모든 학교는 동일한 교육 수준 제공	학교와 지역에 따라 교육 수준에 차이가 남
고등학생이 되면 3~4개의 외국어에 능통해짐	영어 하나도 매우 힘들어 함
고등학교 자퇴율 0퍼센트	일반 고등학교 전출 자퇴비율 2.9퍼센트
세계에서 가장 짧은 학기와 수업 시간	세계에서 가장 긴 학기와 수업 시간
세계에서 가장 행복한 청소년	한국 청소년 자살 세계 1위 (아카데믹 자살(academic suicide)이라고 한다)

핀란드의 선생님들은 어린 아이들은 자연 속에서 친구와 마음껏 놀고 가족과 많은 시간을 함께해야 한다는 것에 모두 동의한다. 그래서 핀란드에서는 13세가 될 때까지 아이들에게 숙제를 내주지 않는다. 서양 국가에서 학교 수업 시간과 학기가 가장 짧으면서도 핀란드 아이들은 고등학생이 되면 영어, 스웨덴어, 불어, 독일어, 스페인어 등 기본 3~4개의 외국어를 능통하게 사용한다. 당연히 학원이라는 것은 없다. 모든 교육은 학교에서 보장한다.

핀란드 선생님은 아이들이 무엇에 흥미를 느끼는지에 집중하며 철저히 아이들 중심의 교육을 제공한다. 이러한 교육 환경하에 있는 핀란드 아이들은 자존감이 높고, 교육에 만족하니 행복지수도 높을 수밖에 없다.

반면, 한국의 아이들도 피사에서 높은 성적을 받았지만 어떻게 보면 당연한 결과다. 학교를 마치면 10시까지 또 다시 학원으로 이동하여 국어, 영어, 수학을 공부한다. 한국의 초중고는 학기와 학교 수업 시간이 세계에서 가장 길다. 그럼에도 불구하고 한국 교육이 효율성에서 핀란드에 비해 떨어지는 것은 핀란드 아이들은 학원에 가지도 않고, 13세까지는 학교에서도 숙제를 내주지 않아도 피사에서 높은 성적을 받을 뿐만 아니라 고등학생이 되면 영어는 당연하고 그 외에도 여러 외국어를 능통하게 사용하게 되는 것을 보면 짐작할 수 있다.

우리나라 아이들은 초등학교 때부터 영어 숙제를 학원에서 받아온다. 스트레스 받으며 숙제를 하느라 엄청난 시간을 할애해도 고등학생이 되었을 때 다른 나라 언어는커녕 영어도 힘들어하는 것이 현실이다. 누구의 잘못일까?

높은 자존감의 원인

요즈음 유독 자존감에 대한 책들이 서점에 즐비하다. 한국 사람들의 자존감이 낮기 때문에 자존감 회복을 돕고자 많은 제안들이 책으로 쏟아져 나오고 있는 것이다. 그러나 나는 우리나라 사람들의 자존감이 낮은 이유가 교육제도 때문이라고 믿기 시작했다. 행복한 사회, 자존감 높은 국민이 되려면 우리나라의 교육제도가 뿌리째 바뀌어야 한다.

핀란드의 선생님들은 아이들이 학업을 이어가며 스스로 자신을 행복하게 해줄 학습 방법을 찾으려고 온 힘을 다한다. 학창시절의 행복이 행복한 성인으로 성장시키는 것과 큰 연관성이 있다는 것을 아는 것이다. 선생님들의 목표는 아이들의 행복이다.

핀란드에는 표준화된 시험이 없다. 표준화된 시험이 없기 때문에 선생들은 시험 점수를 위해 가르치지 않고, 아이들의 배움에 집중할 수 있다. 시험은 고등학교 때 치르는 단 한 번의 졸업 시험뿐이다. 아이들이 배우는 교육 과목은 수학과 영어에만 지우쳐 있지 않다. 핀란드에서는 미술, 음악, 체육 등 아이들이 흥미를 갖는 과목도 영어와 수학만큼 중요한 과목으로 여긴다.

반면에 우리나라 선생님들의 교육 목표는 아이들의 학업 평가다. 선생님들의 목표라기보다는 교육제도의 목표라고 말하는 게 맞겠다. 그 제도를 선생님은 따라가고 있을 뿐이니. 중학교부터 아이들은 생활기록부에 어떤 평가가 적힐지를 늘 고민하며 학교를 다닌다. 학교의 규칙을 어겨 벌점을 받게 되지는 않을까 항상 조심한다. 우리나라 아이들은 심지어 학원에서조차 시험을 보며, 우월반과 열등반으로 나뉘어 공부한다. 학교를 다니는 내내 학교 시험과 학원의 레벨 테스트 탓에 긴장을 늦출 수 없고, 다른 재능은 무시받고, 오로지 국어·영어·수학을 잘해야 학교에서 좋은 평가를 받을 수 있다.

12년간 우리나라 아이들이 받는 교육 환경은 피사에서 1위를 차지하게 할지는 모르나 아이들의 자존감을 떨어뜨리고, 세계에서 가장 높은 자살율과 낮은 출산율을 기록하는 결과를 낳았다.

핀란드의 선생님

우리나라는 한때 선생님의 그림자도 밟지 말라고 할 정도로 선생님을 존경했다. 그러나 지금은 학생들이 학교 선생님을 존경해서라기보다 안정된 생활과 퇴직 후 받는 연금 때문에 선택하는 직업으로 인식하고 있다.

핀란드의 선생님들의 연봉도 다른 나라의 선생님과 비슷하다. 하지만 핀란드에서는 선생님이 의사나 변호사보다 더 많은 존경을 받는다. 학교에서 선생님은 각자 연구실을 갖게 되고 아이들을 가르치는 시간보다 연구하는 시간을 더 많이 보장받는다. 핀란드에서 선생님이 되려면 고등학교를 졸업하고 대학, 대학원 그리고 인턴까지 평균 7.5년의 혹독한 훈련과 교육을 받아야 한다. 핀란드 선생님이 아이들을 높은 수준으로 교육할 수 있는 또 한 가지 이유는 아이들을 가르치는 면에서 전적인 자율성을 보장받는다는 점이다.

선생님은 자신의 과목을 마음껏 창의적으로 가르칠 수 있다. 핀란드에는 대학 입학을 위한 표준화된 시험이 없어, 모든 교육은 그야말로 배움 그 자체에 초점이 맞춰져 있다. 그래서 아이들은 비교당하지 않고, 다양한 관심과 재능을 존중받으며 학교를 다닌다.

아이들의 서로 다른 재능과 호기심을 충족시킬 수 있는 초중고의 폭넓은 교육 커리큘럼은 핀란드 교육의 힘이다.

교육의 핵심

핀란드 교육이 성공적으로 자리잡을 수 있도록 기여한 것은 교육의 시간과 효율성을 극대화하고 배움의 즐거움을 가능하게 하는, 능력 있는 선생님들을 양성한 제도다. 아이들에게는 좋은 선생님을 만나는 것보다 더 좋은 것은 없다. 우리 모두에게 어렸을 때 선생님이 좋으면 학교도 좋고, 과목도 좋았던 기억이 있을 것이다. 난 해외에서 여러 학교를 옮겨 다니면서 늘 다양한 교육제도와 다양한 국적의 친구와 지내는 데 적응해야 했지만 생소한 학업 커리큘럼에 빠르게 적응하고 안정될 수 있었던 데는 좋은 선생님의 역할이 가장 컸다고 기억한다. 이처럼 학생에게는 좋은 선생님이 가장 큰 선물이다.

　선생님은 돈을 벌기 위해 택하면 안 되는 직업이다. 명예와 사명감과 열정의 직업이다. 성장하고 있는 아이들의 가치 기반을 세워주고, 시민 의식을 갖고 사회구성원으로서 살아갈 수 있도록 함으로써 이 사회가 타인을 배려하고 존중할 줄 아는 사회, 미개함에서 벗어나 문명화된 사회로 발전할 수 있도록 이끄는 매우 명예로운 직업이다. 가르치는 아이가 잘되기를 바라는 마음이 없다면 선생 일은 그만두어야 한다.

　영국의 교육학자이자 작가인 캔 로빈슨(Sir Ken Robinson)은 테드(TED)에 나와 이런 말을 했다. "능력 있고, 똑똑한 사람이 선생이 돼야 한다. 그래야 그 지역이 발전할 수 있고, 아이들도 훌륭한 교육을 받을 수 있다. 많은 경험과 창의력을 갖고 있고 차세대를 사랑하는 인재들이 아이들의 선생님이 되어주기를 촉구한다." 아이들에게는 좋은 선생님과의 만남만큼 큰 복은 없을 것이다.

　학교가 없고, 가르칠 선생님이 없는 나라를 상상해 보라. 우리는 미개함으로부터 벗어나지 못하고 산 속에서 사냥을 하고 나무 위에 집을 짓고 살고 있을 것이다. 우리는 배워야 생각을 하고, 판단을 하고, 지역을 지키고, 나라를 지킬 수 있다.

　지나친 평가 중심의 교육은 선생님들의 자부심을 떨어뜨리고, 능력을 발휘할 수 없게 만들며, 결국 우리 아이들의 낮은 자존감을 형성하고, 가족이 떨어지더라도 조기유학을 선택하는 결과를 가져오게 한다.

　아이들이 배움의 즐거움을 느낄 수 있도록 가르치는 것을 목표로 아이들 앞에 서겠다는 열정이 있는 선생님이 있어야 한다. 사회는 이를 지원해야 하며, 더 많은 투자가 있어야 한다. 교육의 목적은 국영수가 중심이 된 입시가 아니다. 아이의 행복한 배움이 목적이 되어야 한다. 그래야 우리나라의 삶의 질이 올라가 행복지수도 올라갈 수 있다.

우리가 핀란드를 똑같이 따라갈 필요도 없고, 따라갈 수도 없지만 우리 환경에 맞게 아이들이 중심이 되는 교육을 다시 설계해야 한다. 문화, 인종, 직업 등 모든 것이 다양해지고 있는 급변하는 시대다. 아이들을 억압하고 억누르는 교육이 아닌 아이들 중심의 교육을 마음껏 펼칠 수 있는 교육제도가 시급히 필요하다. 그런 날이 빨리 오기를 기대해 본다.

공부해서 남 주냐?
남 줘야 한다

공부에 대한 조언

가끔 아이들에게 영어를 가르치다가 "공부 왜 하니?" "영어 왜 배우니?" 하고 물어보면 "취업하려고요" "잘 먹고 잘 살려고요" "엄마가 하라고 해서요"라는 답이 돌아온다. 매일 학교 끝나고 열심히 이 학원 저 학원 돌다가 집에 들어가는 아이들이 왜 이렇게 하고 있는지, 생각은 하고 사는지 궁금했다.

EBS 교육방송에서 공부 지도 전문가가 나와 부모들에게 아이들 스스로 왜 공부하는지를 묻고 마음에서 우러나는 공부를 할 수 있도록 조언해 주라고 한 것을 들은 적이 있다. 그리고 덧붙인 내용은 공부해서 남 주는 거 아니니까, 자기를 위해서 하는 공부라는 것을 자녀들이 깨닫도록 하라는 것이었다. 어렸을 때 공부를 안 하면 공부하라는 잔소리와 함께 들렸던 말, "공부해서 남 주니? 공부 좀 해라." 고등학교 때 선생님이 하신 말, "공부해서 남 주니? 열심히 좀 해라." 난 늘 그 공부해서 남 주냐는 말이 귀에 거슬렸다. 공부해서 남 주는 게 옳은 일이기 때문이다.

배움의 의미와 가치

가르치지도 않았는데 노래를 잘하는 아이가 있는가 하면 어려서부터 책에 빠져 사는 아이가 있고, 운동을 좋아해 하루 종일 운동해도 지치지 않는 아이가 있다. 공부도 마찬가지다. 공부가 재미 있어서 하루 종일 탐구하고 공부해도 지치지 않는 아이도 있다. 왜 이렇게 사람마다 타고난 재능이 다른 것일까?

저마다 다른 재능을 가지고 사회에서 각 분야별로 기능해 사회를 더 풍족하게 하기 위해서가 아닐까? 내가 아무리 잘난들 내 재능이 사회에서 쓰이지 못하면 사회는 제대로 기능하지 못한다. 결과적으로 우리는 우리의 다양한 재능이 사회에서 기능하도록 하기 위해 공부하고 배우는 것이다.

우리의 재능과 우리가 배운 것은 결국 남에게 주기 위한 것이라는 것을 알아야 한다. 배움의 의미가 있으려면 우리 아이들에게 "배워서 남 주냐?"고 말할 것이 아니라 남 주기 위해 열심히 배워야 한다고 가르쳐야 한다.

의사가 되려는 이유

헝가리에 영어로 수업을 진행하는 국제 의과대학교가 있다. 의과대학교를 지으려면 한화로 약 5천 억 원이 든다고 하는데 유럽에는 인구가 적은 나라가 많아서 이 나라들은 의과대학교를 짓지 않고, 의학이 강한 헝가리 같은 우수한 국제 의과대학교에 자국민을 선발해서 보내 장학금으로 의사를 길러낸다. 노르웨이도 그런 경우인데 의과대학교를 짓지 않고 매년 50명의 장학생을 선발해 헝가리로 보낸다.

실제로 헝가리는 의료 분야에서 노벨 수상자를 네 명이나 배출한 나라다. 그래서 의사가 되려는 우리나라 아이들도 헝가리 의과대학교에 많은 관심을 갖고 있다. 헝가리 의과대학교 설명회가 한국에서 열렸을 때 동시 통역을 맡았다. 많은 한국 아이들이 매년 헝가리 의대에 입학하려는 것을 보고 설명회에 온 헝가리의 한 의과대학장이 나에게 "한국에도 의대가 많은데 왜 이렇게 많은 한국 아이들이 의사가 되려고 헝가리까지 오는 거죠?" 하고 물은 적이 있다.

우리 입장에서는 너무나 뻔한 이유를 물어보는 것 같았지만 그렇게는 대답을 못 하고 그냥 웃으며 넘겼다. 그러자 눈치를 채신 헝가리 의대 학장님은 자기네 나라에서는 의사가 된다고 해서 돈을 많이 벌지는 못한다고 했다. 하지만 학생들은 명예를 위해 의사가 되기를 원한다고 했다. 많은 사람들에게 도움을 줄 수 있기 때문에 사명의식을 갖고 의대에 입학한다는 것이다.

그러고 보니 일을 할 때 당연하게 가져야 할 '사명의식'과 '직업의식'에 대한 교육이 우리나라 학교에서는 전혀 이루어지지 않고 있는 것 같다. 우리가 공부를 열심히 하는 이유는 일반적으로 내 지식과 능력을 통해 남을 이롭게 하겠다는 생각보다는 돈을 많이 벌어 사회적으로 대우를 받겠다는 것이다.

영어를 가르치면서 나는 아이들에게 열심히 배워 남을 이롭게 하라고 늘 말하지만 아이들은 너무 상투적인 말처럼 들리는지 이렇게 말할 때마다 나를 이상한 눈으로 쳐다본다. 한 번도 들어보지 못한 말을 자꾸 한다는 표정이다. 나 잘되기 위해 공부하는 거라고, 부모님과 선생님들이 어릴 때부터 그렇게 가르쳐 주셨는데 무슨 말씀이냐고.

선진국과 후진국의 차이

여러 나라를 돌아다녀보면 선진국들과 후진국들끼리의 공통점과 차이점이 보인다. 선진국의 공통점은 '공동체' 의식이 강해 사회를 먼저 생각하고 이웃을 생각한다는 것이다. 그런데 후진국의 공통점은 공동체 의식이 낮아 나와 내 가족밖에 모른다는 데 있다. 이것이 선진국과 후진국의 차이이자 그들이 갖고 있는 공통점이다. 두드러지게 나타나는 것이 외형적으로 들어나는 환경이다. 후진국일수록 내 집은 깨끗하고 으리으리해도 집 밖으로 한 발자국만 나가면 더럽고 지저분한데도 전혀 개의치 않는다. 우리나라는 외형적으로는 좋아 보이지만 정신적으로는 아직 '공동체' 의식이 자리 잡혀 있지 않은 듯하다. 우리나라에서 공동체 의식이 발동할 때는 나에게 직접적인 이득이 있거나 직접적인 피해가 있을 때로 한정된다. 한 예로 우리나라에서 사람이 사고를 당해 구조 헬기가 뜨면 헬기 소리가 시끄럽다는 민원전화가 걸려온다는 말을 듣고 깜짝 놀랐다. 헬기가 시끄러운 것은 사실이지만 지금 사람이 죽어가고 있어서, 한순간이 시급한 상황인데 헬기가 시끄럽다고 민원을 넣는 것은 헬기 소리가 지금 당장 나에게 미치는 영향까지만 의식이 닿는다는 것을 말해준다. 그 헬기가 왜 있어야 하는지, 누구를 위해서, 무엇을 위해서 뜨는지, 이 사회에 어떤 기여를 하고 있는지에 대한 공동체적 의식이 전혀 없다는 것을 보여준다. 사고라는 것은 언제든지 일어날 수 있는 것이고 저 헬기가 나를 포함해 누구의 생명을 구하게 될지 모르는 것인데 지금 당장 시끄럽다는 표면적인 현상만을 가지고 민원을 넣고 그 민원이 또 받아들여진다는 것은 우리나라의 공동체 의식 수준이 어느 정도인지 정확히 보여주고 있다. 이러한 현상은 죽어가는 사람을 구하고자 하는 헬기 민원 문제뿐 아니라 우리나라 사회 곳곳에 만연해 있다. 따라서 민원을 넣는 사람만의 잘못이 아니다. 우리나라 전체가 극복해야 할 공동체 의식(community spirit) 수준이다.

나는 얼만큼 영어를 가르쳐야 하나

돈보다는 명예를 아이들에게 가르쳐서 배움이 얼마나 의미 있는 활동인지, 자신의 활동이 사회에 어떻게 기여할 수 있는지 알 수 있게 해줘야 한다. 그래야 지나친 경쟁을 피하고, 배움의 즐거움을 누리며 자기와의 싸움에 몰입하지 않을까?

명예라는 것은 결국 남에게 내가 뭔가를 기여했을 때, 나의 재능으로 사회를 이롭게 만들었을 때 갖게 되는 것이고, 돈은 자연스럽게 이 뒤를 따르는 게 아닌가.

기업 강의를 가서 영어를 가르치다 보면 회사에서의 일은 더도 말고 덜도 말고 돈을 주는 만큼만 일하라는 말을 자주 듣게 된다. 이런 말을 들을 때마다 '돈을 주는 만큼만 일한다면 나는 도대체 얼만큼 영어를 가르쳐야 할까?'라는 고민을 하게 된다. 그 '돈을 주는 만큼의 일'의 질과 양은 또 누가 정하는 것인가? 월급이 회사생활의 이유이고, 기본이라는 것은 알겠지만 우리는 나에게는 관대하고 남이 하는 일에는 너무 많은 기대를 하고 있는 것은 아닌지 모르겠다. 많은 업무 스트레스 때문에 하는 말인 줄은 충분히 이해하지만 이런 말을 들을 때는 좀 슬프다. 젊었을 때 나에게 맡겨진 일은 돈으로는 책정할 수 없는 큰 경험과 경력이 된다. 그리고 경험과 경력은 쌓이고 쌓여 증폭돼 다시 나에게 능력으로 돌아온다. 그래서 이 능력이 사회와 기업에 또 다시 쓰일 수 있다면 얼마나 의미 있고 가치 있는 일이겠는가

커미트먼트 & 공동체 스피릿

두 사람 이상이 만나 일을 하면 우리는 공동체(community)를 이루고 서로에게 커미트먼트(commitment)을 요구하게 된다. 커미트먼트는 그 일을 해내겠다는 헌신과 충성의 약속이다. 그리고 누가 지켜보지 않는 곳에서도 그 약속을 지키는 것이다. 돈을 받고 일하는 사람은 프로다. 프로는 수단과 방법을 가리지 않고 커미트먼트를 지켜야 한다. 돈을 많이 줘서 하고 돈을 적게 줘서 안 하는 게 아니다. 커미트먼트는 스스로 프로가 되는 데 필요한 필수조건이다.

내가 속한 곳에서 내 능력이 닿는 데까지 최선을 다하는 것이 돈을 준 만큼 일하는 것이라 생각한다. 이것이 나의 품위와 존엄성을 지키며 일하는 것이다.

우리는 아이들에게 먼저 공동체 안의 나를 발견하도록 해야 한다. 내가 속한 공동체가 불행하면 나도 결코 행복할 수 없다는 것을 알도록 해야 한다. 공동체가 있기에 내가 있는 것이고, 공동체가 이로울수록 내가 이롭게 된다는 것을 깨달아야 한다. 그래서 내가 속한 공동체에 관심을 갖도록 해야 한다. 그 안에서 자신들이 기여하는 의미와 가치를 발견할 때 아이들은 왜 공부해야 하는지 깨닫게 될 것이다. 공부해서 남 주는 것을 가르쳐야 한다.

교육의
카스트 제도

서양 교육의 초중고 학교에는 낙제 또는 고등학교 졸업시험이라는 제도가 있다. 한 과목 또는 두 과목 이상 낙제점수가 나오면 다음 학년으로 올라가지 못하거나 고등학교 졸업 시험에 낙제 과목이 있으면 졸업을 할 수 없다. 그래서 교사들은 아이들의 배움을 유심히 관찰하고 한 명 한 명의 아이들에게 책임을 느끼며 가르친다.

우리나라의 공립학교는 시험에서 0점을 받아도 교육일수만 채우면 다음 학년으로 올라갈 수 있고 졸업도 가능하다. 그런데 모든 시험은 또한 객관식으로 이루어지므로 공부를 전혀 하지 않아도, 수업을 하나도 듣지 않아도 0점은 받지 않는다.

우리나라의 이러한 객관식 시험 제도와 교육일수만으로 졸업할 수 있는 제도는 참 다양한 유형의 아이들을 탄생시킨다. 한 번호로 다 찍고 시험 시간에 자는 아이, 60일만 넘지 않게 결석하면 졸업장이 나오니 60일까지 마음껏 결석하는 아이, 0점을 받아도 졸업하니 수업 시간에 편하게 잠을 자는 아이, 학교에서 문제를 일으켜도 졸업일수만 채우면 졸업이 되니 퇴학당하지 않고 강제 전학으로 마무리 되는 아이.

교육일수로 졸업하는 제도는 선생님의 권위도 떨어뜨린다. 수업 시간에 선생님이 아이들을 아무리 깨워도 아이들은 계속 잠을 잔다. 심지어 학교에서 편하게 자겠다고 베개를 들고 등교하는 아이도 있다. 공부하기 싫다며 쉬는 시간에 잠깐 학교를 나가 방황하다가 점심시간 때쯤 들어오는 아이도 있다. 이렇게 고등학교를 다니다가 졸업한 아이도 고등학교 졸업장을 받는다.

하지만 고등학교를 졸업해도 사회에 나와서 제대로 일할 수 없다. 사회에서 고등학교 졸업장을 신뢰하지도 않는다.

아이의 미래를 위한다며 아이가 폭행 또는 흡연을 하더라도 학교에서 퇴학시키지 않고, 교육일수 채워서 고등학교 졸업장을 딸 수 있도록 강제 전학으로 돌리면 그 아이는 큰 잘못을 했는지도 인지하지 못한 채 고등학교 졸업장을 받는다.

어떻게 해서든 교육일수만 채우면 졸업장을 주는 한국의 12년 교육 제도는 형식적인 교육일 뿐만 아니라 교육의 질을 떨어뜨리고, 학년이 올라갈수록 학생 간의 성적 차이도 크게 벌어지게 한다. 학교는 배우는 곳이기보다는 그저 아이들을 평가하고 대학을 보내는 곳으로 인지돼 고등학교에 올라갈수록 졸업장만을 목적으로 학교를 다니는 아이들이 많아진다.

낙제 제도 없는 한국의 교육제도는 아무리 교육일수가 다른 나라에 비해 많고, 교육의 양이 많아도, 스스로 알아서 열심히 공부하는 소수의 아이들을 제외한 나머지 아이들은 얼마나 배우고 있는지 가늠하기 어렵게 한다.

　따라서 상위권 대학들은 어떻게 해서든 우수한 학생들을 골라내기 위해 다양한 전형들로 학생들을 평가한다. 그리고 상위권 대학에 입학하는 학생을 제외한 나머지 대학교의 교육 수준은 이렇게 졸업장을 받고 온 아이들을 가르쳐야 하니 떨어질 수밖에 없다.

우리나라 대학에는 카스트 제도가 있다

　이러한 이유 때문에 수도권 대학을 가지 못하느니 대학을 아예 안 보내겠다고 하는 부모님도 상당수 만나 보았다. 그도 그럴 것이 졸업시험 하나 없이 고등학교를 졸업하는 아이들이 모여 입학하는 대학교의 교육을 믿을 수 없기 때문이다.

　이런 교육제도가 계속 이어지는 이상 우리나라의 상위권 대학 외의 나머지 대학교의 수준은 결코 좋아질 수 없다. 상위권 대학교만 우수한 아이들을 배출하게 되고, 나머지 대학은 울며 겨자 먹기로 공부하지 않는 아이들을 받으니 수준도 못 높이고 도전도 줄 수 없어 학교 명성도 높일 수 없다. 그리고 취업 시에 기업들은 또 다시 이러한 대학교 졸업생 채용을 꺼리는 악순환이 반복된다.

　선생의 권위를 회복시키고, 교육에 대한 사회의 신뢰를 회복시키기 위해서는 교육일수로 졸업하는 제도부터 바꿔야 한다. 변별력을 높인다는 이유로 과목의 수준도 높고, 양도 너무 많아 학생들 중 3분의 1만 수업을 따라가고 있는 게 현실이다. 수준도 낮추고, 양도 줄이고, 낙제제도나 고등학교 졸업시험도 도입해 모든 아이들이 수업에 집중하고 또 수업을 따라갈 수 있도록 해야 한다. 선생님들은 더욱더 아이들이 학업에 관심을 갖도록 해서 고등학교 졸업장에 힘이 실리도록 해야 한다. 그래야 서울 수도권 외의 대학교 수준도 올라가지 않겠는가. 한국은 인재가 자원인데 언제까지 지방대와 수도권 대학을 가르며 대학의 카스트 제도를 유지할 것인가.

기다림…
후회하지 않는 시간이 되기 위해

크로노스와 카이로스의 시간

그리스 신화에 크로노스(cronus)의 시간과 카이로스(kairos)의 시간이 나온다. 크로노스의 시간은 과거부터 미래까지 시간이 일정하게 흐른다고 상정한다. 가만히 있어도 단순히 흘러가는 자연적인 시간, 즉 달력의 시간, 객관적인 시간이다. 카이로스의 시간은 기회의 시간이다. 카이로스는 의식적이고 주관적인 시간, 순간의 선택이 인생을 좌우하는 기회의 시간이며 결단의 시간이다.

우리는 이 두 종류의 시간을 다 가지고 산다.

실제로 어린 아이들을 가르치다 보면 같은 또래의 아이라도 발달 속도가 모두 다른 것을 알 수 있다. 영어를 못 읽던 아이에게 영어를 가르쳐 보면 어떤 아이는 몇 개월 만에 다 읽는가 하면 어떤 아이는 영어를 읽기까지 3~4년이 걸리기도 한다.

중요한 것은 각자의 때가 되면 다 읽어낸다는 사실이다. 8개월을 기다리든 3년을 기다리든 때가 되면 정말 한순간에 갑자기 읽기 시작한다. 그래서 기다려 주는 것이 중요하다고 나는 늘 강조한다. 하지만 부모님들은 마음이 급하다. 반드시 다른 아이와 비슷한 시기에 영어를 읽어내야 한다. 그래서 생각대로 결과가 나오지 않으면 기다리지 못하고 아이들을 다그치거나 학원을 바꾸거나 더 많은 교육이 추가되기도 한다.

작정한 시간

내가 영어를 가르치면서 누리는 가장 큰 혜택은 언어를 가르치다 보니 한 아이를 어릴 때부터 시작해 성장을 쭉 지켜볼 수 있다는 데 있다. 한 아이의 성장을 지켜볼 수 있다는 것이 나에게 얼마나 큰 영광인지 모른다. 기본 6년에서 10년까지 실제 초등학교 2학년부터 고등학생이 될 때까지 가르친 아이도 많다. 이렇게 다양한 아이의 성장을 지켜보면서 느낀 것이 있다. 일찍 자신의 재능을 발견하는 아이가 있는가 하면 고등학생이 되어도 무엇을 공부하고 싶은지 찾지 못하는 아이도 많다는 것이다. 중학교 2학년까지는 공부와 담을 쌓고 지내다가 갑자기 중3이 되어서 공부하는 아이도 있다. 반대로 열심히 하다가도 갑자기 중학교 때 공부에 흥미를 잃는 아이도 있다.

중학생 학부모 모임에 나갔을 때 한 부장 선생님이 들려준 이야기인데 중학교에 들어오면 아이들은 두 부류로 나뉜다고 한다. 여학생들은 공부하기로 작정한 아이와 예뻐지기로 작정한 아이, 남학생들은 공부하기로 작정한 아이와 놀기로 작정한 아이다. 여학생들은 빨리 철이 들기 때문에 중학교 때 한 작정이 고등학교 때까지 이어진다고 하는데 남

학생들은 고등학교에 올라가서 뒤집히는 경우도 종종 있다고 한다.

이처럼 우리는 각자만의 시간을 가지고 살아간다. 그래서 각자에게 주어진 시간의 해석이 다를 수 있음을 인정해야 한다. 배우는 속도와 내 길을 찾는 시기, 철이 드는 시기가 다 다르다.

크로노스의 시간적 개념으로 살아가는 한국의 고등학생은 학교를 졸업하고 다 똑같은 시기에 대학을 가야 한다는 생각 탓에 숨이 차다. 자신이 좋아하는 것이 무엇인지 잘 몰라도 서둘러 결정해야 한다. 군대를 가야 하는 남학생은 더욱더 마음이 급하다. 전공을 결정하지 못하면 그냥 성적에 맞춰 대학에 떠밀리듯 들어간다.

모멘텀(Momentum)

북유럽 스웨덴의 아이들은 고등학교를 졸업하고 바로 대학을 가지 않고, 일을 하기도 하고 여행도 다니며 자신이 무엇을 공부할지 고민하다가 준비가 되었을 때 대학에 진학하는 경우가 많다.

영국에서는 고등학교 졸업 후 아예 갭이어(gap year)라는 제도를 도입하여 학생들에게 고등학교 졸업 후 대학 진학까지 1년 이상 적성과 진로를 탐색할 수 있는 시간을 준다.

갭이어를 갖는 아이들은 대학에서 어떤 학업을 계속 이어나갈지 진지하게 고민해보려고 일도 하고, 하고 싶은 언어 공부도 하며, 여행도 한다. 대학 진학 전 자신의 길을 찾는 시간을 더 갖게 됨으로써 광범위하게 자신의 가능성을 알아볼 수 있는 것이다. 갭이어를 갖는 학생이 그렇지 않은 학생보다 대학교에서 더 좋은 성과를 내는 것으로 결과가 나타나고 있다.

우리 모두에게는 모멘텀(momentum)의 시기가 있다. 모멘텀은 가속도가 붙는 시기를 말한다. 아이들은 배울 준비가 되었을 때 더 잘 배운다고 한다. 그리고 아이들마다 이 시기는 다르기 때문에 무조건 밀어붙인다고 잘하는 것은 결코 아니다.

우리는 아이들에게 자신의 모멘텀이 올 때까지 포기하지 않고 꾸준히 노력할 수 있도록 기다려 주며 격려할 수 있어야 한다. 겉으로는 아무 변화도 없는 것 같지만 씨앗은 눈에 보이지 않은 흙 속에서 꿈틀거리며 세상 밖으로 나올 준비를 하고 있다. 보이지 않는다고 물도 주지 않고, 햇빛도 보지 못하게 하면 모멘텀을 만날 기회조차 갖지 못하게 된다.

후회 없는 시간이 되기 위해 우리는 기다려주어야 하는 것이다.

너의 생각을
말해봐

정보화 시대에 달라진 교육 과정

전 세계적으로 글쓰기는 모든 교육의 기본이다. 글쓰기가 기본이 되는 이유는 사고력을 키워주기 때문이다. 그리고 사고력은 인지 능력을 키워주고, 문제 해결 능력을 갖게 해주는 핵심 역할을 한다. 이제는 단말기만 두드리면 정보가 쏟아지는 정보 홍수 시대에 살고 있으므로 지식 기반의 암기식 교육은 빛을 보지 못한다. 이 시대는 넘쳐나는 정보의 가치를 판단하고 내 경험과 통합해 그 정보를 어떻게 사용할지를 결정할 수 있는 깊은 사고력과 문제 해결 능력을 갖춘 인재를 요구한다. 그래서 UN에서는 이미 20여 년 전부터 IB(International Baccalaureate)라는 교육 프로그램을 개발했고, 해외의 많은 우수한 국제학교에서 IB 교육 프로그램을 도입해 아이들을 교육시키고 있다. IB 프로그램은 통합교육에서 글쓰기까지로 구성된 교육 프로그램이다. 어렸을 때부터 사회, 역사, 지리, 수학을 프로젝트에 통합하고 각 과목을 프로젝트에 응용하고 적용하며 배우도록 가르치고, 마지막 고등학교 2년간 1600자의 지식 이론 글쓰기와 4000자의 에세이 글쓰기로 졸업장을 받는다. 물론 모든 글쓰기의 주제는 선생님의 지도를 받고 학생 스스로 결정해야 한다.

사고력의 중요성을 인지한 우리나라 정부도 대학 입시에 논술시험을 도입했는데 불행히도 초중고에는 글쓰기 교육이 턱없이 부족한 현실이다. 모든 과목 시험이 아직까지 객관식의 정답을 찾는 형태이고, 수행평가라는 제도도 있지만 이것 또한 리서치해서 글을 쓰는 것이 아니라 과제를 미리 주고 그것을 외워서 수업 시간에 쓰게 하는 형태다.

한 서울대 교수님의 강연을 들은 적이 있는데 그 분이 말하기를, 요즘 교수들 사이에서도 가장 걱정하는 것이 대학생들의 글쓰기라고 한다. 한국 최고의 대학에서도 글쓰기에 대한 걱정을 하는 것을 보면 우리나라 공교육의 글쓰기 교육에 많은 어려움이 있는 것은 분명한 것 같다.

글쓰기가 어렵다는 것은 그만큼 사고의 폭이 얕다는 것을 시사하는 것이기 때문에 빠른 시간 안에 해결돼야 한다. 어쨌든, 글쓰기 교육이 학교에는 잘 도입되어 있지 않고 대학 입시에는 있으니 이를 준비하기 위해 부모님들은 영어와 수학 학원 외에 논술 학원까지 추가해야 할 판이다.

과묵해진 교환학생

내가 영어를 가르친 한 대학생이 유럽에 있는 대학에 교환학생으로 갔을 때 자신이 어쩔 수 없이 과묵해져야 했던 이야기를 들려준 적이 있다.

나름대로는 영어를 잘한다고 생각했고, 토플 시험 점수도 상당히 높게 나왔는데 교환학생으로 유럽 대학에 가보니 끝없이 토론하고 자기 생각을 거침없이 말하는 수업을 도저히 따라갈 수가 없었다고 한다. 이는 영어가 안 되어서가 아니라 사고하는 훈련이 되어 있지 않아서 그렇다. 계속 자기 생각을 물어보는데 할 말이 없어 수업에 들어가기가 두려웠다고 했다. 그래서 그 뒤로는 운동이나 예술 쪽의 말을 하지 않아도 되는 과목만 수강할 수밖에 없었다고 한다.

서양 교육은 학생들의 사고력을 높이기 위해 어릴 때부터 인문학 수업을 탄탄하게 진행한다. 학교에서는 중고등학교 때 책을 많이 읽힐 뿐 아니라 수업 형태도 우리나라의 주입식과는 거리가 멀다. 내가 다닌 독일 스위스 국제학교에서도 수업 시간에 학생들과 선생님이 끊임없이 얘기를 주고받았다. 선생님들은 모든 과목마다 개념 설명을 하면서 수업 시작부터 끝날 때까지 아이들에게 질문을 던졌고, 아이들은 쉴 틈 없이 알고 있는 지식 또는 본인의 생각을 손을 들고 얘기했다. 정답을 원하는 것이 아니다. 생각하기를 원한 것이다. 그래서 엉뚱한 대답을 해도 된다. 그렇지만 가만히 있으면 안 된다.

나도 내가 알고 있는 대로 말하면서 수업에 참여해야 했다. 이렇게 말하는 것이 습관이 되면 내 생각이 정리가 돼 그 생각이 이어져 글 쓰는 숙제도 쉽게 써내려 갈 수 있다.

나도 한국에서 조용히 수업만 들었던 습관에서 벗어나 창피해 하지 않고 손을 번쩍 들며 수업 시간에 적극성을 보이기까지 많은 시간이 걸렸다. 하지만 이러한 수업에 익숙해지면서 오히려 수업이 더 재미있어졌고, 흥미도 커지는 것을 경험했다. 그리고 자존감도 올라갔다.

유럽의 교육

유럽의 교육은 이처럼 자기 생각을 얘기하는 것이 교육의 중심이 되어 있다. 초등학교 때는 개념을 잡고, 중학교 때는 논리적으로 생각하는 것을 배우고, 고등학교 때는 내 주장에 멋진 수식어를 덧붙여 상대방을 설득할 수 있는 말하기와 쓰기를 배운다.

교육의 핵심은 "너의 생각을 말해봐"다. 이러한 교육 덕분에 평소에도 늘 생각에 생각이 꼬리를 무는 습관이 생겼다. 그래서 출장 중 외국 거래처 사람들과 교제할 때도 많은 대화를 할 수 있게 되었다.

문화에 대한 이야기, 문화에 대한 내 느낌, 한국의 정치적인 상황, 정치적 상황에 대한 내 생각, 브렉시트(Brexit)가 서로에게 미치는 경제적 영향 등등 서로 오고 가는 대화의 주제는 매우 광범위하다. 실제로 서로 오가는 대화 속에서 많은 생각을 하게 되며 알지 못했던 여러 가지 것들을 배운다.

나와 다른 견해를 주의 깊게 듣는 것은 나의 편견을 깨는 데 도움이 되고, 세계가 어떻게 변화하고 있는지 인지하게 되며, 서로의 입장이 어떻게 다른지 이해하게 되면서, 직면하는 문제가 무엇인지 알게 되고, 또 그 문제를 어떻게 해결할 수 있는지에 대한 방안도 찾게 된다.

질문하지 말아주세요

우리나라 아이들은 아직 자기 의견을 말하는 습관이나 교육이 되어 있지 않아 생각을 물어보면 현상만 대답하는 경우가 많다. "현상 말고 너의 생각을 말해봐"라고 하면 그 현상을 다른 말로 바꿔 또다시 같은 대답을 한다. 그리고 말한 내용에 관련해서 2차 질문을 하면 그 이상 이어나가지 못한다.

질문을 받았을 때 대답을 잘 못하게 되니 질문하면 공격받는다라는 생각을 자연스럽게 하면서 큰다. 그래서 한국 사회에서는 '질문'은 곧 '공격'이라는 생각이 자리잡고 있다.

한국에서 대학원을 다니면서 영어로 하는 과정과 한국어로 하는 과정을 번갈아 들었다.

영어로 진행되는 반과 한국말로 진행되는 반에서의 수업 분위기는 정말 달랐다. 영어 과정에는 외국학생들이 꽤 있어서 자유스러운 토론 형태의 수업이 진행되었는데 한국어로 진행되는 반은 그렇지 않았다.

한 번은 한국어로 진행되는 반에서 발표자에게 많은 질문을 던진 적이 있었다. 발표자가 발표한 내용이 정말 흥미롭고 궁금하고 알고 싶어서 던진 질문이었는데 발표자는 나중에 나를 찾아와 자기에게 질문을 던져 매우 기분이 나빴다고 말했다. 내가 질문으로 자기를 공격한다고 생각한 것이다.

얼마나 당황스러웠는지. 전혀 그런 게 아니었는데…. 정말 몰라서 알고 싶어 질문한 것뿐인데…. 나는 오히려 내가 발표할 때 질문하지 않으면 서운하던데 받은 교육에 따라 생각이 참 달랐다.

지금은 깊은 사고력을 요구하는 시대다.

늘 그래왔지만 4차 산업혁명을 바라보고 있는 이 시점에는 더욱더 암기식 지식 쌓기의 교육은 구식이 되었다. 이제 학교 수업 방식은 크게 바뀌어야 한다.

학생들은 수업 시간에 선생님과 자연스럽게 토론할 수 있어야 하고 친구끼리도 서로 질문을 자유롭게 할 수 있어야 한다. 그리고 선생님은 사고력을 높여주는 글쓰기 숙제를 많이 내주어야 한다.

이제는 그들의 생각을 말하도록 끊임없이 질문하라.

"너의 생각을 말해봐. 그러면 너의 자존감도 올라갈 거야."

시행착오를
허락하라

헝가리의 국제 의과대학교 학장을 모시고 한국에서 진행된 세미나에서 동시 통역을 담당했을 때 일이다.

우리나라 사람들은 워낙 의대 입학에 관심이 많아 세미나에는 자녀를 둔 부모님들이 많이 왔고, 많은 질문이 오고갔다. 헝가리 국제 의과대학교는 입학 시험 네 과목을 영어로 보는데 네 과목 모두 커트라인을 기본적으로 넘어야 하고, 한 과목이라도 커트라인을 넘지 못하면 해당 과목만 재시험을 볼 수 있는 기회를 줬다.

그런데 세미나를 마치고 학장님은 나에게 왜 한국 사람들은 대학교에 입학하기 전에 온통 부정적인 질문만 하느냐고 물었다. 다른 나라의 세미나와 비교할 때 부모들의 질문이 매우 다르다는 것이다. 질문을 통역하는 중 나도 느낀 바지만 우리나라 학부모들의 질문은 매우 부정적이었다.

학장님께 던진 질문은 이러했다.

- 입학 시험에서 커트라인에 미치지 못하는 과목은 몇 번의 재시험 기회를 주느냐
- 의과대학교 입학 후 시험은 몇 점이 낙제인가
- 의대에 들어가 한 과목이라도 시험에 낙제하면 어떻게 되는지
- 몇 과목까지 낙제를 허용하는지
- 유급이 되면 어떻게 되는지
- 인턴쉽을 거기서 하지 못하면 어떻게 되는지

부모님이 던진 질문 대부분은 학교에 들어간 후 아이들이 알아서 해결해야 할 문제들이었다. 그런데 부모들이 물어봐 아이들을 미리 준비시키려고 하는 것이다.

학장님은 이러한 질문은 한국 아이들이 헝가리 의대를 갈지 안 갈지와 상관이 없는데 왜 이런 질문을 한국의 부모님들은 많이 하느냐고 물어보았는데 그 당시 난 그냥 걱정 많은 부모님이라는 생각 외에는 달리 할 말이 없었다.

학장님은 헝가리 의과대학교의 교육과정의 특징과 장점이 무엇인지, 다른 나라와 어떻게 다른지, 헝가리에 왜 국제의과대학교 과정이 있는 건지 등 부모님이 학비를 지원할 만한 가치가 있는지를 판단할 수 있는 질문을 해야 하는 게 아니냐고 했다.

어린아이들의 해외연수를 위해 호주의 한 어학원 관계자를 만나 이야기를 나눈 적이 있다.

한국 아이들을 많이 받지 않는다는 호주 어학원 원장은 그 이유를 솔직하게 나에게 말했는데 12세 이상의 프랑스나 독일 아이들은 영어연수를 받으러 호주행 비행기를 타면 그 순간부터 부모들은 연수를 마칠 때까지 전화 한 통 하지 않는다고 한다. 그런데 한국의 부모들은 아이의 안부를 묻는 전화를 수도 없이 걸어와 업무에 방해가 되고 기본적으로 자기네들을 신뢰하지 않는 것 같아 한국 아이들을 선호하지 않는다고 한다.

우리는 왜 이렇게 아이들을 지나치게 보호하려 하고, 우리 아이가 행여 피해를 볼까 걱정부터 하는 것일까.

오늘을 살아야 할 아이들은 늘 선행학습으로 걱정과 함께 내일을 미리 살고, 아이들의 의견에 상관없이 영어와 수학 학원은 무조건 다녀야 하고, 바쁜 학원 일정 때문에 친구와 함께 만날 시간이 없어 친구들과 공들고 운동장에 가서 놀면 되는 축구도 돈을 내고 축구 학원을 다니며 운동을 한다.

부모가 정해준 스케줄 속에서 빈틈없이 돌아가는 일정을 소화하며 아이들은 스스로 결정하고 참여하고 실패하고 또 극복할 수 있는 기회를 잃어버린다. 아이들이 점점 수동적이 돼 자신의 생각을 잃어가고 있다. 자신이 기획한 것은 없고, 늘 짜인 것만을 소화하고 따라간다. 이것을 성취한 아이들에게는 부풀려진 성취감만 돌아오므로 자기의 강점과 약점도 잘 모르게 되고, 모르니 결국 극복할 기회도 갖지 못한다.

해외 학창시절 나는 작은 지구촌 같은 학교에서 공부한 적이 있다. 한 반에 20개국, 25명의 학생이 있었는데 그중에 토비언이라는 아이는 엄마는 영국인이고 아빠는 독일인인 친구였다. 당시 우리 반에는 다양한 국적의 아이뿐 아니라 부모님이 국제결혼을 한 아이들도 상당히 많았는데 그중 한 명이 토비언이었다. 그야말로 글로벌한 학급이었다. 토비언은 친할머니가 스웨덴 분이셔서 이름이 스웨덴 이름인 토비언(Torbjan)이다.

한 번은 지리 수업에서 현장 학습을 갔다. 농업 지역을 방문해 자세히 조사한 후 그 지역 지도를 그려 오는 게 현장 학습 과제였다. 나는 토비언과 짝이 돼 그 지역을 함께 돌아봤다. 지도에 탐사 지역의 지형, 생산물, 인구 조사 등을 자세히 기록해야 했는데 당시는 인터넷이 없던 시절이어서 오랜 시간을 토비언과 발로 뛰며 조사했다.

한참 걷는 중에 갑자기 토비언이 나에게 "성희, 가방 무겁지 않아? 들어 줄까?" 하는 것이었다. 난 당연히 괜찮다고 했다. "너도 힘들잖아. 너나 나나 똑같은데 뭐." 그러자 토비언은 자기 어렸을 때 얘기를 꺼냈다.

토비언은 초등학교 3학년까지 영국에 살았었는데 친할머니가 영국에 자기를 보러 오면 가족 여행을 자주 했다고 한다. 그리고 아빠는 자기에게 늘 할머니 짐까지 들도록 했다고 했다. 자기 짐도 들어야 하는데 할머니 짐까지 들어야 하니 손이 부족해 어깨에도 메고, 목에도 걸고, 허리에도 차고 다녔다고 했다.

당시에 독일인이셨던 아빠는 어릴 때부터 여성을 보호하고 자기가 속해 있는 공동체에서 자기가 할 수 있는 것을 하도록 가르쳐서 오랫동안 짐을 들고 다니는 나를 보니 짐을 좀 들어줘야 할 것 같았단다.

그러고 보니 학교에서 본 다른 독일 아이들도 다 독립심이 강해 보였다. 어리다고 아이가 해달라는 대로 다 들어주고, 아이가 할 수 있는 것을 부모가 다 해주면 이 아이는 공동체에서 자기가 감당할 수 있는 기능을 의식하지 못하게 되고, 자신의 역할을 제대로 수행하지 못하게 돼 오히려 그 아이에게 해가 된다는 것이 독일 아빠의 생각이자 교육관이었다. 그래서 아이가 늘 공동체를 의식하며 존재감을 갖고 함께 살아갈 수 있도록 한 것이다.

그 당시에는 그냥 듣고 넘어갔지만 요즘 한국의 아이들에게 영어를 가르치다가 토비언을 자주 떠올린다. 그리고 독일 아빠의 교육방침이 참 훌륭하다는 생각이 든다. 인격적인 대우란 바로 이런 것이다.

나이가 적든 많든 공동체 안에서 상대를 있는 모습 그대로 인정하고, 자기의 기능을 제대로 수행할 수 있도록 돕는 것이다. 사랑한다고 무엇이든지 해주면 오히려 아이의 존재감은 점점 약해지고 공동체 안에서 본인이 기능을 제대로 못 하니 시간이 지날수록 자존감도 떨어질 뿐이다.

조금만 멀리서

성공해야 한다는 부모의 조바심 탓에 아이들은 매일의 배움을 즐길 새가 없고, 교육은 결과 중심적으로 내몰린다.

나는 아이들을 이렇게 교육하는 이유에는 우리가 성인이 될 때까지 받은 잘못된 교육이 한몫하고 있다고 생각한다.

내가 부족하고 서툴렀을 때 기다려 주지 않았고, 비교당했으며, 등수로 나를 주눅들게 한 교육으로부터 받은 상처가 내 아이만은 보호해야

겠다는 생각으로 바뀌어 우리는 아이들에게 진짜 교육을 제공하지 못하고, 과잉보호하며 선행학습이라는 일그러진 교육을 하면서 아이들을 잘 교육하고 있다고 착각하고 있는 것이다.

진짜 교육은 아이들의 독립심을 키워주는 것이다. 아이들은 독립심에서 자신의 정체성을 발견하며 이 시대에 꼭 필요한 능력인 비판적 사고와 창의력을 발휘하고 사용할 수 있다. 그리고 내가 속한 공동체를 늘 의식하며 살도록 하는 것이다.

그리고 진짜 교육에는 아이들과 부모님과의 적당한 거리가 꼭 필요하다.

언제까지 대신해줄 것인가?

08

공교육의
자존감부터 세워라

기내 화장실 앞에서 만난 영국인

영국행 기내에서 화장실 문을 열려고 시도했다. 안에 사람이 있는지 없는지 표시등이 명확하지 않아 문을 밀어 열려 하니 옆에 서 있던 영국 여성분이 화장실 안에 누가 있다고 말해 주었다. 그분이 화장실을 기다리고 있는 건가 싶어 물었더니 아니라고 하였다. 알고 보니 화장실 안에서 그분의 남편이 나왔다. 안에 있는지도 모르고 문을 열려고 한 것이 미안해서 "sorry"라고 말했다. 남편은 나를 보고 미소 짓고 아내와 자리로 돌아갔다.

아내는 자리로 돌아 가면서 나에게 "Thank you"라는 말을 한마디 건넸다. 뭐가 고맙다는 건지 잘 몰랐지만 아무튼 미소로 답하며 화장실 안으로 들어갔다.

나중에 생각해 보니 그 영국 여성분은 내가 화장실 안으로 먼저 들어가지 않고, 좁은 통로에서 부부가 먼저 지나가도록 기다린 것에 대해 고맙다고 한 것이었다. 워낙 짧은 순간이어서 나는 그 부분을 인지하지도 못했다. 고맙다는 말을 하지 않아도 될 상황에서 작은 행동 하나하나를 인지하고 반응해 준 그 영국인 부부가 참 고맙고 따뜻했다.

비행기 안에서 처음 만난 사람들이었지만 30초도 안 되는 그 짧은 시간에 서로 존중해 주며 주고받은 몇 마디 말이 영국을 향하는 비행기 안에서 영국을 더 기대하게 만들어 주었다.

예의 바른 영국 초등생

영국의 교육은 남에 대한 존중과 배려심이 바탕에 깔려 있다. 그래서 학교에서도 아이들의 예절 교육을 엄격히 시키는 편이다.

여름방학 런던 캠프 첫날, 한국 아이들과 시내 버스로 투어를 다니기로 되어 있어 버스 정거장에서 한국 아이들, 영국 인솔 선생님과 함께 버스를 기다리고 있었다. 그런데 버스 정거장에서 약 20미터 정도 떨어진 곳에서 초등학생 4학년 정도 되어 보이는 아이들 열댓 명이 우리가 기다리고 있던 정류장으로 버스를 잡기 위해 뛰어오고 있었다. 제일 먼저 뛰어오던 영국 아이가 우리를 보지 못하고 버스 앞으로 달려오며 출발하지 못하도록 소리치자 뒤에서 한 아이가 그 아이 이름을 부르며 "리즈, 멈춰. 뒤에 먼저 와 있는 사람들이 있잖아"라고 했다.

그 아이는 우리를 보고 당황해서 미안하다며 버스를 기다리고 있었느냐고 물었다. 우리가 기다리던 버스가 아니어서 아니라고 했더니 "확실해요? 정말 제가 먼저 타도 될까요?"를 세 번이나 반복하며 확인했다. 초등학교 4학년 정도밖에 되지 않은 아이들이 예의를 깍듯이 갖추며, 우리에게 자신들이 새치기를 한 것처럼 된 상황을 여러 번 확인하며 죄송하다고 하는 말과 행동이 참 예뻐 보였다.

나는 자존감이 약하지 않다.

나는 한국에서 자존감이 약하거나 약자의 입장에 있기 때문에 남에 대한 배려심과 존중을 보이는 것은 아닌지 하고 느끼게 하는 경험을 했다. 그리고 이러한 느낌이 들 때마다 나도 한국사람이긴 하지만 우리나라의 정서와 문화를 이해하고 적응하는 데 심적으로 많이 부담이 되었다. 남편은 한국 정서와 문화를 힘들어하는 나에게 자존감이 약해서라며 자존감을 높일 수 있는 책 한 권을 선물해주기도 했다. 많이 공감이 가고 위로가 되는 책이기는 했으나 내가 자존감이 약해 한국 사회가 힘든 건지 아니면 한국 사회가 내 자존감을 약하게 만드는 건지는 알 수가 없었다.

1년에 두 번씩 아이들 연수를 위해 영국으로 캠프를 떠난다. 영국 길거리에서 난 자존감이 약하다는 오해를 받을 필요가 없다. 조금이라도 내 몸이 다른 사람과 스치거나 부딪힐 경우 서로 미안하다고 말하고, 거스름돈을 주고받으며 서로 고맙다 인사하고, 길을 몰라 헤맬 때 먼저 다가와 길을 안내해 주는 영국인들의 삶 속에서 나는 나의 존재감을 확실히 느낄 뿐만 아니라 내 자존감도 올라간다.

언씨빌라이즈드(uncivilized)

한국에서 영어를 가르치려고 나와 있는 많은 원어민 선생님들이 한국 아이들에게 사람 간에 지켜야 할 매너가 많이 부족하다는 뜻으로 언씨빌라이즈드(uncivilized)라고 표현하는 것을 종종 듣는다. 그럴 때마다 어떻게 대답해야 할지 곤란하다. 가정교육인지 아니면 그냥 우리나라 정서인지. 아직 자라고 있는 아이들이라 이해해야 한다고 해야 할지.

우리나라 공립학교 선생님들은 이러한 교육 환경에서 어떻게 선생의 권위를 지키며 아이들을 지도하고 있을까. 학교 선생님으로 약 4년간 재직하다가 그만두고 다른 일을 하시던 분을 가르치면서 학교 선생님은 아이들을 어떤 관점으로 보고 있는지 여쭈어보았다. 대부분의 선생님들도 대체적으로 우리나라 아이들에게 기본적인 예의가 부족하다고 생각하고 있고 이 문제를 학교 교육의 문제로 보기보다 가정교육의 문제로 보고 있다고 했다. 아이들을 보면 부모님이 어떨지 상상이 가고, 늘 그 아이의 부모님을 떠올리게 된다고 했다. 나도 학교 선생님은 아니지만 어린 아이들을 가르치면서 부모님이 어떤 분일지 아이를 통해 자연스럽게 유추해본 적이 꽤 많았던 것 같다.

그러나 실제 아이들의 매너 없는 행동을 가정교육 탓으로만 돌릴 수 없다는 결론을 내렸다.

금지되어 있는 과외 수업

서양의 학교에서는 특정한 과목에서 크게 뒤처지지 않는 이상 학교를 마치고 학원 수업이나 과외를 받는 것을 대부분 금지한다. 법적으로 금지하는 것은 아니라 과외를 받으려면 얼마든지 받을 수 있지만 학교 수업이 주가 되어야 하는데 집에서 별도의 과외 교습을 받음으로써 아이는 학교 수업을 가볍게 여기게 되고 아이가 수업에 집중하는 것을 방해하기 때문에 내린 암묵적인 조치다. 또한 학교와 선생님은 아이가 학교에서 배운 것을 집에 가서 다른 선생님한테 또다시 배우는 것은 학교 선생과 학교의 권리를 침해하는 행동이라고까지 생각한다.

다른 말로 하자면 학교는 아이들의 교육을 그만큼 책임지고, 또 아이가 자신의 약점과 강점을 스스로 파악하여 자신의 부족한 점을 극복하도록 교육하는 것이 학교의 역할임을 잘 인지하고 있다는 점을 보여주는 것이다.

학교를 마치고 수학, 영어, 논술 등의 학교 교과목과 연관된 학원에 다니기를 당연하게 여기는 우리나라 교육 환경에서 학교 선생님들은 어떤 철학과 정신으로 아이들을 지도하고 있을까.

학교는 선생님께 무엇을 어떻게 지도하라고 말해 주고 있을까.

공부라면 다 용서되는 한국의 교육환경: 이것은 교육이 아니다

공부라면 모든 것이 용서되는 한국의 교육환경, 자식의 성공이라면 다 받아주고 또 허용되는 사회 분위기. 아이들의 수능시험을 위해 출근 시간까지 바꾸는 나라가 우리나라가 아닌가.

중고등학교에서는 아이들이 지각해서 생활기록부에 기록되면 불이익이 있으니 병원에 들려 진단서를 받아와 지각이 생활기록부에 기록이 되지 않도록 거짓말하라고 가르친다.

학생 신분일 때 대기업 입사가 더 유리하니 대학을 졸업할 수 있음에도 추가 등록해 졸업을 유예시키고 억지로 학생 신분을 유지한다. 이를 저지하기 위해 대학교가 제도를 수정하니 학생들은 오히려 자신의 조작 행위를 방해하는 학교에 항의한다.

대학 입학을 위해, 성공을 위해 학생들이 하는 약간의 거짓말, 또는 조작은 얼마든지 이해되고 또 도와줘야 한다고 생각하는 사회. 이러한 교육이 시정되지 않고 계속되는 한 우리 사회에서 깊은 신뢰는 자라기 어려울 것이다.

좋아질 거라 믿고 기다리지만 더 심해지는 경쟁과 주어진 정답만 찾아야 하는 주입식 교육, 아이들을 소 등급 매기듯 등급을 매겨 평가하는 교육평가제도는 아이들이 어떤 가치관을 가지고 세상을 살도록 가르쳐야 하는지 참 난감하게 한다.

우리나라의 교육은 나의 인격을 무시하면서 다른 사람의 인격도 존중하고 싶지 않은 그런 위태로운 분위기를 만들어 내고 있다. 그래서 한국에서는 남을 먼저 생각하고 배려하는 행동과 친절을 베푸는 행동을 하는 사람은 '루저'이거나 '자존감이 약한 사람' 취급을 받는다.

인테그리티(Integrity)

영국의 한 사립학교를 조사차 방문 중이었다. 교장실 앞에서 교장선생님을 인터뷰하려고 기다리고 있었는데 초등학교 4학년 정도 되어 보이는 한 영국 아이도 친구랑 싸우는 바람에 담임선생님과 함께 교장선생님 상담을 받기 위해 기다리고 있었다. 담임선생님은 함께 데리고 온 아이에게 어떻게 싸우게 된 것인지 묻고 계셨다. 그 아이는 다른 아이가 먼저 때려서 자기도 때렸다고 했다. 그러자 담임선생님은 그 아이에게 이렇게 물었다.

"Josh, where is your integrity?" (죠시, 너의 인테그리티는 어디 있는 거니?)

인테그리티(integrity)라고? 이 단어가 내 마음속에 울려 퍼졌다. 저 어린 아이가 인테그리티라는 단어의 뜻을 알까? 나 자신에게 정직하고 청렴하고, 내 도덕적 원칙을 스스로 굳게 지킨다는 뜻의 이 단어는 내가 가장 좋아하는 영어 단어이기도 했다. 선생님이 초등학교 4학년 정도밖에 되지 않은 어린 아이에게 "그래, 다른 애가 먼저 때려서 너도 때린 거니까 걔가 더 잘못했네"라고 말하지 않고, 아이의 인테그리티부터 물어봐 준다는 게 참 인상적이었다. 그리고 선생님은 한 번 더 물으셨다.

"Josh, where is your integrity?"

그러자 조시라는 그 아이는 "걔가 먼저 때렸어요"라고 대답하지 않고, "I am sorry"라고 대답했다. 자신의 인테그리티를 스스로 못 지킨 것에 대한 쏘리(미안함)다.

우리도 친구와 치고받고 싸우고 오는 아이들에게 인테그리티를 물어볼 수 있을까? 우리나라의 아이들의 인테그리티 수준은 어느 정도일까, 글로벌 시민으로 성장시키기 위해 가장 먼저 교육해야 하는 것이 바로 인테그리티 아닐까?

교육의
더 빅 픽쳐

교육은 한 나라를 불행하게도 행복하게도 만들 수 있는 힘이 있다.

교육은 한 아이의 진로를 좌우하고 삶의 행복을 좌우한다. 그래서 아이들의 자존감을 높이려면 교육부터 자존감을 세워야 한다.

언제까지 학교가 학원에 휘둘리고, 우리나라의 교육을 불신해 엄마와 아이가 먼 이국 땅으로 조기유학 떠나고, 사교육을 비판만 하고, 한국에서 학교를 다니는 아이들을 세계에서 가장 불행한 아이들로 만들 것인가.

우리나라 아이들이 지금의 교육에 감사하고, 선생님을 신뢰하고, 배움을 즐기며, 앞으로 다가올 글로벌 4차 산업혁명 시대에도 끄떡 없이 행복한 삶을 이어갈 수 있게 하려면 아이들이 의미 있는 삶을 살아갈 수 있도록 교육에 새 바람을 넣어야 한다.

영어에 "더 빅 픽쳐(the big picture, 큰 그림)"라는 말이 있는데 그 상황에서 가장 중요한 사실 그리고 그 상황이 다른 것에 미치는 영향을 의미한다. 교육은 우리 모두의 일이다. 그리고 영어를 포함한 모든 교육의 목표는 성적이 아니다. 우리는 이제 교육의 더 빅 픽쳐를 보아야 한다.

우리는 무엇을 위해 가르치고 배우는가? 평생 배우는 자(lifelong learners)로 살아가고, 삶의 열정(passion)을 갖고, 위험을 감수할 줄 알고(risk taker), 도덕적 용기(moral courage)를 갖고, 독립적으로 일하면서도 또 함께 일할 수 있고(work independently and with others), 남과 다르게 볼 수 있는 눈이 있고(look at things differently), 공동체와 사회에 기여하고자 하는 마음을 갖고(care and give back to their community), 문제 해결 능력과 비판적 사고(problem-solving and think critically), 창의적(creative)인 삶 그리고 자기 존중(self-respect)과 인테그리티(integrity)를 가질 수 있는 삶을 살도록 가르치고 또 배워야 한다. 이것이 바로 교육의 '더 빅 픽쳐'다.

우리가 성인으로서 대한민국에서 살아가며 느끼는 행복은 어린 시절 받은 교육에서 비롯된다. 개인의 자존감 회복과 나만을 위한 삶, 한 번뿐인 삶을 즐기고자 선택하는 욜로(yolo) 그리고 일과 라이프 사이에서의 밸런스를 통해 행복을 찾으려는 '워라밸'에는 행복의 정답이 있지 않다.

우리의 삶이 행복해지려면, 한류 열풍이 진짜가 되려면, 관심과 친절, 칭찬과 감사, 교감과 공감, 배려와 솔직함이 한국의 교육에서 시작되어 사회 전체로 흘러 들어가야 한다

이러한 작은 가치가 어릴 때부터 학교에서, 가족에서, 이웃에서, 공동체 안에서 오고 가며, 우리 삶 속에 깊이 뿌리 박힐 때 비로소 성인이 되어서도 우리는 행복해질 수 있다.

이를 위해 교육이 달라져야 한다. 학교가 달라져야 한다.

이러한 행복 가치가 실천될 때 급변하는 글로벌 세상을 포용하고, 변화하는 파도에도 끌려가지 않고, 세대 차이를 극복할 수 있는 힘도 생기며, 이 시대가 원하는 '다양성'의 주인공이 될 수 있을 것이다.

행복 가치가 없는 삶 속에서는 '깊은 사고력' '영어의 능통성' '노마드 마인드' 그리고 '모멘텀'도 의미를 찾지 못한다. 행복 가치 없이 이것은 그저 살아남기 위한 발버둥일 뿐이다. 교육에 행복 가치를 정착시키는 것이 진정한 글로벌 시티즌쉽(global citizenship)을 얻고 인테그리티를 지키며 살아가는 길이다.

우리가 오늘도 뛰는 이유는 의미 있는 삶을 찾고, 행복하기 위해서다. 신고 있던 구두는 벗어 던지자. 진정한 '행복'을 위해 진짜 정답을 찾아야 할 때이다.

보장되지 않은
시간을 위해

하루에 많게는 14시간씩 영어 강의를 한 적이 있다. 영어 강의에 대한 콜링이 오는 곳마다 얼마를 주는지 따지지 않고 달려갔다. 새벽에는 기업 강의, 오전에는 대학 강의 그리고 오후에는 아이들 영어 교육, 저녁에는 입시 영어 그리고 또다시 늦은 저녁에는 직장인반. 사무실에 앉아서 일하던 조직 생활과는 완전히 다른 고된 생활이었지만 사람을 만난다는 것에 큰 의미가 있었다.

가르치는 사람마다 각자의 영어 구멍을 가지고 있었다. 이유는 영어 교육이 사교육에 맡겨져 있기 때문이었다. 그래서 영어에 대한 자세도 생각들도 다 가지각색이었다.

서로 다른 구멍을 모아놓고 채우려 하니 참 답답한 부분이 많았다.

이렇게 하면 시간 낭비인데… 해달라는 대로 해줘야 하나? 가장 안타까운 사람들이 영어권 문화에 이질감을 느끼고 제대로 시도도 안 해보고 포기하는 사람들이었다. 가끔은 영어를 못해도 우리나라에서 사는데 아무 불편한 것 없는데 꼭 이렇게 해야 하나 하는 고민이 들 때도 있었다.

내가 만나는 학생들은 나와 얼마나 오래 영어 공부를 하게 될지 나도 모른다. 그래서 나는 늘 나와 영어를 공부하는 동안은 최소한 그 다음 계단에 오를 수 있을 정도까지는 되도록 전략적으로 가르쳤다. 그들은 모르겠지만. 조금만 더 하면 모멘텀이 올 시기에 그만두는 사람도 많았다. 언제까지 허락될지 알 수 없는 시간 동안 그 사람의 영어 지식을 최대치로 올려야 하는 부담이 늘 마음을 무겁게 했다. 그리고 이 보장되지 않은 학생과 나의 시간을 더 효과적으로 만들어줄 수 있는 것이 없을까 고민하다 글을 쓰기 시작했다.

영어를 통해 우리가 누릴 수 있는 범위는 크고 다양하다. 그래서 이왕 공부하는 영어가 인생을 바꿔주는 그런 영어가 되기를 늘 바라며 이 글을 써 내려갔다.

문화, 영어 그리고 교육이
우리의 삶을 행복하게 해줄 수 있다면

어린 시절 해외에서 학교를 다니면서 만난 20여 개국의 아이들은 모두 행복해했다. 영어를 능동하세 사용할 수 있디는 안정감, 교육제도를 통해 많은 것을 배우고 있다는 기쁨, 친구들과 선생님들 사이에 서로 오가는 관심과 배려. 국적과 인종은 모두 달라도 서로를 있는 그대로 존중했다.

그런데 한국에 와보니 학교의 문화와 기능은 내가 해외에서 경험한 것과는 완전히 달랐다. 수많은 시간을 투자해도 영어를 잘하는 친구들은 몇 되지 않았고, 교육제도에 많은 불만과 사회에 대한 불신이 있었다. 그리고 늘 비교 평가 받는 아이들은 같은 문화, 같은 민족이어도 서로 깊은 대화를 나누지 못했다. 그리고 지금도 나는 영어를 가르치고 있는 많은 중고생들, 대학생들 그리고 직장인들을 만나면서 한국의 상황은 예나 지금이나 달라진 것이 없다는 것을 확인한다.

우리 경제가 이렇게 성장하고, 교육 수준이 높아지고, 한류 열풍이 세계를 휩쓸고 있는데도 왜 그들만큼 행복하지 않은 걸까. 사회학자들은 우리가 단체주의(collectivism)에 기반한 사회이기 때문이라고 말한다. 남의 시선을 지나치게 의식하고 사회가 정해준 기준대로 살아 가야 하기 때문이라고. 그래서 서구 문화에 있는 공동체가 누리는 행복이 우리나라에는 없다. 그렇다면 이러한 사회 구조를 어떻게 바꿀 수 있을까? 결국은 교육이 달라져야 한다는 결론에 이른다.

학교 성적과 대학 입시부터 취업 준비, 승진 시험 등 영어는 끝도 없이 우리의 꼬리에 꼬리를 물며 따라 다닌다. 힘들게 하는 영어지만 포기할 수 없는 이유는 영어가 교육이고, 기회이고 행복과 연관되기 때문이다. 그렇다면 우리는 계속 영어의 노예처럼 영어에 끌려다닐 것이 아니라 영어를 효과적으로 공부하고 효율성을 높여 최대한 활용해야 하지 않을까 생각한다.

영어를 가르치는 입장에서 끊임없이 해외 교육과 우리나라 교육, 해외 아이들과 우리나라 아이들, 해외 문화와 우리나라 문화를 비교하게 되었다. 그래서 이왕이면 해외의 좋은 문화들을 영어와 함께 배워가기를 바라는 마음이 들었다. 특히 한 가지 내 눈의 뜨인 것은 선진 문화, 특히 유럽 문화권에 있는 사람들은 늘 그들의 삶을 만족해하고 행복해한다는 것이다. 그리고 그러한 삶이 가능한 이유는 개인의 행복에서 끝나지 않고 공동체 안에서 늘 관심과 친절, 존중과 배려, 그리고 진정성과 감사에 기반한 신뢰가 사회에 존재했기 때문이라는 것을 강조하고 싶었다.

마지막으로 이 모든 경험들을 가능하게 해준, 나에게 영어를 배운 많은 학생들과 지금도 내 곁에서 언제 끝날지 모르는 여정을 함께하고 있는 학생들에게 감사와 함께 이 책을 바치고 싶다.
그들의 행복과 도약을 기대하며 응원한다.